La Segunda Fuente

Agradecimiento

Quiero agradecer a aquellas personas, quienes con la compra de este libro, decidieron centrarse en sí mismos, para lograr una mejor calidad de vida.

Mi agradecimiento va dirigida a todas las personas en la empresa, que me permitieron dar un vistazo detrás de los bastidores de 'la segunda fuente'.

Doy las gracias especiales a mis traductoras Annalena Kant y Markus Wittber así como también a los lectorados Oswaldo Casimiro y Rocío Torres por sus buenas cooperaciones.

Mi gratitud particular va dirigida a mi esposa Evelyn, a quien le dedico este libro.

Eike Clausius

La Segunda Fuente

Eike Clausius

Edición 1

Berlín 2017

Información bibliográfica de la Biblioteca Nacional Alemana:

La Biblioteca Nacional Alemana ha registrado esta publicación en la Bibliografía Nacional Alemana; pudiendo ser consultados los datos bibliográficos completos en la siguiente dirección de Internet: http://dnb.dnb.de.

© 2017 Dr. Eike Clausius

Ilustración: Dr. Clausius Consulting

Traducción: Eike Clausius, Annalena Kant, Markus Wittber

Lectorado: Oswaldo Casimiro, Rocio Torres

Producción y edición: BoD – Books on Demand, Norderstedt

ISBN: 9-7838-4236-368-7

Índice

„Si ayudas a otros en conseguir lo que quieren,
conseguirán todo en el mundo."
Zig Ziglar (Failla, 2002, S. 35)

Introducción

En las décadas pasadas la economía desarrollaba mucho. Especialmente en los países de alta tecnología como los EE.UU., Japón y los países europeos, incluyendo Alemania. Debido a la globalización creciente y a los mercados dinámicos, la situación del empleo se tendrá que adaptar. Lo que fue enseñado a niños y jóvenes – la búsqueda duradera de un puesto de trabajo– ya no es válido el día de hoy. ¡El mundo laboral ha cambiado radicalmente!

Quizás ya te ha sucedido alguna vez, que trabajas y trabajas, pero a la vez te sientes controlado y dirigido. Como empleado te das cuenta que el tiempo de tu vida está regido al compás de la empresa, donde **cambias tiempo de vida por dinero**. De igual forma, como empresario - especialmente de una pequeña y mediana empresa - talvez tengas la sensación de estar sujeto a la responsabilidad frente a tus empleados así como a tu salud invidual y situación de vida. ¿Inviertes todo tu tiempo (de vida) en tu empresa y percibes que cada vez tienes menos tiempo para tu familia, tus amigos y para ti?

"Si tu empresa depende de ti,
entonces no tienes una empresa, sino un trabajo.
Y eso es el peor trabajo del mundo,
porque trabajas para un insensato."
Michael E. Gerber (1936 – actualmente)

Lo 'insensato' existe, porque alguien creía algo que no refleja la realidad. Un verdadero empresario es libre. Sin duda, se da cuenta de responsabilidad, pero su empresa no depende de él.

Un verdadero empresario
no trabaja e n su empresa,
sino trabaja p o r su empresa.
Eike Clausius

Especialmente los 'autónomos', que trabajan siempre e independientemente, muchas veces no pueden dejar la **carrera de ratas**. Tu vida está determinada por el trabajo. ¿Quizás a veces barruntas que tú 'escalafón profesional' solamente es la **carrera de ratas**? ¿Te interesas por un mejoramiento de esa situación? Te la presenta en los párrafos siguientes.

Échale un vistazo a la posibilidad de mejorar la situación descrita. Imagina que conozcas algo donde . . .

1. No necesitas ninguna inversión,
2. Puedes elegir libremente tu lugar y puesto de trabajo,
3. Eres el centro de tu vida,
4. Te puedes independizar paso a paso,
5. El trabajo es adecuadamente reenumerado,
6. Construyes un propio equipo global,
7. Puedes construir una seguridad financiera y heredada,
8. Puedes construir una propia pensión – independiente de la pensión legal – sin pagar cuotas.

El concepto ofrecido se da a conocer a causa de la **propaganda de boca a boca**[1]: Recomiendas una buena película, un buen libro que te gusta o hablas con alguien sobre la calidad de tu coche.

También ya es conocido por algunas empresas en la economía clásica, que la recomendación de productos es gratificada con una comisión única en forma de bono económico o material. Estos bonos usualmente con objetos como

---

[1] Nota: La concepción de arte ‚propaganda de boca en boca' es engañosa porque no podemos escuchar con la boca. Debería llamarse **propaganda de boca**.

máquinas cafeteras o herramientas. ¿Pero cuántos aparatos de estos necesitas? Además no te pongas en los siguientes negocios.

En el curso de esta publicación serán enfocados los siguientes aspectos:

1. *¿Cómo funciona tal marketing de recomendación?*
2. *¿Cómo se clasifican las recomendaciones respecto a las diferentes formas de distribución?*
3. *¿Cómo se puede describir al marketing de recomendación tanto cualitativamente en cuanto a su estructura, así como cuantitativamente en cuanto a sus facetas económicas?*
4. *¿Qué perspectivas existen, de lograr una 'SEGUNDA FUENTE' con esta forma de marketing?*
5. *¿Qué libertades personales podrías crear por ti y otros para vivir autónomamente?*

Las respuestas de estas y otras preguntas se encuentran en los siguientes párrafos.

Presentación de canales de distribución

Perspectiva general

La siguiente imagen explica la cantidad de posibilidades de clasificación de canales de distribución existentes, con relación al **concepto de marketing por recomendación** (**Marketing de Recomendación**).

Clasificación de canales de distribución
con relación al Marketing de Recomendación

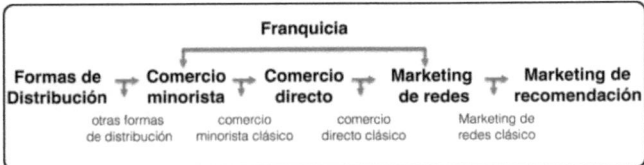

Se exponen canales de distribución relevantes, que se pueden considerar como un camino hacia el Marketing de Recomendación. No se toman en cuenta otras formas de distribución, como por ejemplo el comercio mayorista. De modo que el comercio minorista representa una posibilidad de distribución principal, que se subdivide en comercio minorista clásico y comercio directo. De seguirse este principio, puede verse claramente un proceso orientado hacia el Marketing de Recomendación, a través del comercio directo y del marketing de redes. Así mismo, se considera a la franquicia como otro sistema de distribución, que puede ser incorporado en este proceso. Básicamente, aquí se combinan aspectos de redes (de distribución) con el comercio minorista.

Comercio minorista clásico

En la forma de distribución del **comercio minorista clásico,** la mercancía llega del productor hasta el cliente vía **comercio mayorista, comercio intermediario** y **comercio minorista**. Donde con frecuencia los mayoristas son empresas extranjeras, que importan mercancía o exportadores que distribuyen mercancía. Los intermediarios se encuentran por lo general dentro del país y distribuyen la mercancía a los minoristas. El **precio bruto** - precio que el consumidor paga siempre - es el **precio neto** al que se le añade la tasa del IVA. Este hecho es demostrado en la imagen "**Composición del precio al consumidor – Comercio minorista**". Por tanto, el consumidor tiene que pagar costes de producción así como costes de los participantes de la distribución. Esto quiere decir que aproximadamente el 70% del precio final es determinado por la distribución del comercio mayorista, intermediario y minorista.

Composición del precio al consumidor – Comercio minorista

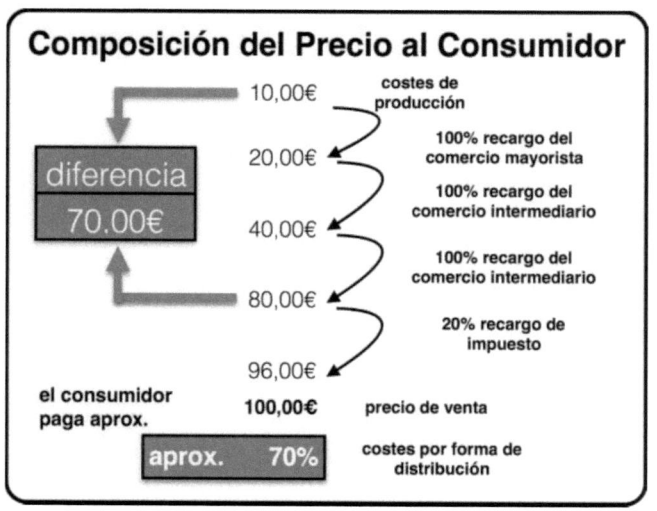

Los minoristas generalmente son los que corren el riesgo mayor. Ellos tienen que prefinanciar la mercancía, pagar el alquiler de tiendas, así como cubrir los gastos de electricidad, gas, agua, salarios de empleados, algunas contribuciones sociales, seguros y tributos. Por eso, aparte de dinero, se necesita invertir un considerable **tiempo (de vida)** en la planificación de todas las actividades.

Seguramente muchos minoristas comprenden esta situación, ya que debido a lo expuesto, se encuentran presionados por el tiempo o financieramente. De lo contrario, estas inversiones podrían ser exitosas y conducir a una independencia financiera, bajo condiciones adecuadas.

Franquicia

En la franquicia el productor o franquiciador decide marquetear sus productos por medio de un concepto comercial completamente acreditado, esto puede ser denominado como un sistema de negocio – por ejemplo un sistema de gastronomía. La marca y el concepto del negocio son conocidos - sin embargo, el "trabajador independiente" - está atado a la instrucción y el concepto del franquiciador; por lo tanto, no existe libertad de decisión sobre el marqueteo de los productos.

Aquí los empresarios o franquiciados son libres en tomar decisiones concernientes al personal, publicidad regional, o alquiler de inmuebles. Para todo lo demás están atados a las normas establecidas por el sistema de franquicia y a su cumplimiento. Todo tipo de alteración deberá ser debidamente acordado con el franquiciador. No obstante, esa seguridad de un concepto existente que funciona eficazmente limita la libertad de decisión empresarial. La ventaja de esta forma de distribución es la oferta de la misma gama de productos a nivel mundial y la misma apariencia de la marca en el mercado.

Los franquiciados pagan una **tasa inicial** única, que puede abarcar una cifra de hasta 6-7 dígitos de euros. Esto incluye el concepto comercial; todos los servicios adicionales del franquiciador (Clausius & Schütz, 2014) incluido el uso de la marca, el conocimiento fundamental del sistema así como el marketing. Además se lleva a cabo una participación en las ganancias del franquiciador.

Comercio directo

En el comercio directo el productor decide vender su mercancía por medio de distribuidores asociados. En el **comercio directo clásico**, los distribuidores independientes (también conocidos como asesores) compran la mercancía del productor y las revenden a los clientes, quienes a su vez pagan el **precio bruto** del producto.

En su mayoría, se trata de **productos de consumo durables** con **necesidad de explicación** (Clausius, 2014, S. 19) y son reutilizados durante varios años, como por ejemplo, máquinas industriales, automóviles o cámaras. El productor suministra la mercancía a sus distribuidores de confianza, quienes por lo general, gozan de un respaldo a nivel regional o nacional.

Composición del precio al consumidor – Comercio directo

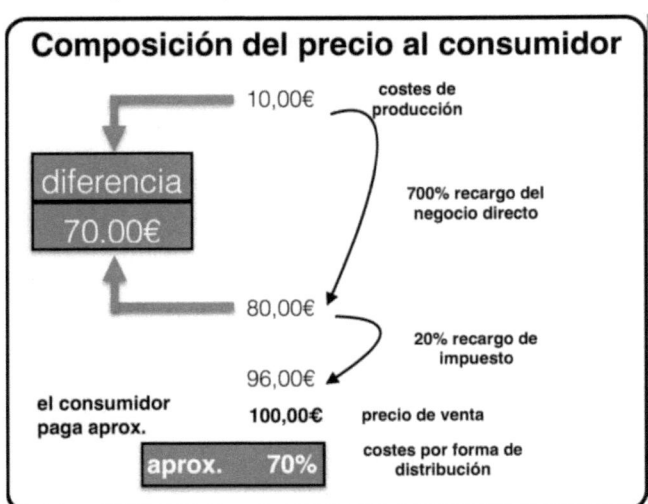

La creación de una estructura propia de distribución es permisible y hasta preferible. Es decir, el distribuidor asociado puede trabajar independientemente o incluso contratar trabajadores propios, que lo apoyen en el proceso de venta y asesoramiento. El distribuidor asociado generalmente compra la mercancía del productor con un descuento de 30-50% y la revende al consumidor con el recargo respectivo. Él tiene que ser un verdadero especialista del producto, para que pueda asesorar a los clientes apropiadamente.

En el caso de los **productos de consumo durables**, como por ejemplo aspiradoras, él solo tiene que hacerlo una vez y el producto será usado durante varios años. En el caso de **productos de consumo no durables**, como por ejemplo la bolsa filtrante de la aspiradora, los consumidores necesitan ser constantemente motivados a comprar el producto original (Clausius, 2014, S. 19). Necesitan adquirir constantemente nuevos clientes, para lo cual, el factor tiempo puede resultar una restricción grande. Por consiguiente, en el comercio directo del mismo modo que en el comercio minorista, el tiempo (de vida) es cambiado por dinero.

El asesor se queda con la mayor parte del precio de venta, no obstante, usualmente tiene que retribuir a los trabajadores con sueldos fijos y/o porcentajes variables. En esta forma de distribución, se pueden adquirir provisiones elevadas y generar de tal manera ingresos elevados.

El **marketing de redes clásico** o **Multi-Level-Marketing** una forma especial del **comercio directo**, en la cual la mercancía es suministrada directamente del fabricante al consumidor a través de un distribuidor asociado. Legalmente la mercancía es comprada por los distribuidores asociados y físicamente distribuida de productor a consumidor. Es conveniente marquetear tanto los productos durables o no durables de consumo de bajo precio con necesidad de explicación que no son promocionados constantemente por los distribuidores asociados. La creación de una estructura de ventas propia es permisible y esperada, puesto que, especialmente los productos de consumo durables, requieren adquirir nuevos clientes permanentemente, debido a su longevidad. Es decir, los productos de consumo durables son utilizados por un largo periodo de tiempo, por lo que constantemente se tiene que encontrar nuevos clientes para convencerlos a comprar. (Clausius, 2014, S. 19)

Por consiguiente, el marketing de redes abarca tanto la venta como la intermediación directa de productos a los consumidores finales, a través de agentes de ventas. Además, de existir la posibilidad de crear una estructura de ventas propia (Zacharias, Michael (Bundesverband, 2005)).

Marketing de recomendación

El Marketing de recomendación
usa el negocio para apoyar a las personas,
mientras otros modelos de negocio,
utilizan personas para apoyar el negocio.
Según Richard DeVos (1926 – actualmente)

Marketing de recomendación se diferencia totalmente de la venta **directa clásica** y del **marketing de redes clásico**, sobre todo porque la mayoría de nosotros ya lo ha ejercido, pero sin haber percibido alguna bonificación. Por ejemplo cuando realizas un viaje impresionante, el hecho que lo recomiendes, es "lo más normal del mundo" (Steiner, 2014, S. 69). Sin darte cuenta y sin haberlo practicado antes, se los cuentas a tus amigos y conocidos sobre el viaje. Lo comentas porque fue una vivencia encantadora para ti. El marketing de recomendación es precisamente esa **propaganda de boca a boca**. Compartes con tus amigos o conocidos una experiencia positiva, de la cual puedes dar fe.

Robert T. Kiyosaki nombra en su libro "El negocio del siglo 21" (Kiyosaki, 2012), ocho motivos por los que el marketing de redes, en su forma del marketing de recomendación, hace posible el realizarse como persona y asegurar un futuro:

1. *Formación económica práctica,*
2. *camino rentable para el crecimiento interior,*
3. *círculo de amigos con los mismos valores y sueños,*
4. *el dominio de una red propia,*
5. *un negocio duplicable y totalmente escalable,*
6. *calidad de liderazgo inigualable,*
7. *un mecanismo para el logro de un verdadero bienestar,*
8. *grandes sueños y el poder de vivirlos.*

Por lo tanto en el **marketing de recomendación,** a diferencia del marketing de redes, la persona que hace la recomendación recibe provisiones del productor, únicamente por la recomendación.

Todo marketing de recomendación
es un marketing de redes,
pero no todo marketing de redes
es un marketing de recomendación.
Eike Clausius

En el marketing de recomendación no se ejerce la venta, y tampoco es razonable, ya que todos los usuarios del producto pagan el mismo precio de compra. Por consiguiente, la mercancía no es vendida legalmente. Así pues, las personas exitosas en el marketing de recomendación no se destacan por su capacidad para vender, sino por su modo sistemático de proceder y por su alto porcentaje de inteligencia emocional (Clausius, 2015). El **marketing de recomendación** vale la pena, especialmente para **productos de consumo no durables**.

Se plantea la pregunta: ¿Cuáles son las **particularidades de los productos**, adecuados al marketing de recomendación, que se tienen que tener en cuenta?

Los productos deberán:

1. *Ser productos de consumo con un beneficio personal,*
2. *ser almacenables a medio plazo (1 año),*
3. *ser innovadores,*
4. *ser divisibles arbitrariamente y*
5. *pertenecer a una industria prospectiva o a un mercado orientado hacia el futuro con gran potencial de crecimiento,*
6. *no estar sujeto a obtención de licencias o a tasas anuales,*
7. *ser accesibles, directamente del fabricante.*

Si se cumplen estos criterios, puedes estar seguro que el marketing de recomendación que estás emprendiendo, es un negocio exitoso y comprobado.

El siguiente ejemplo numérico demuestra que el efecto duplicativo y multiplicativo del marketing de recomendación es rentable puesto que, financieramente posee grandes ventajas frente a otras formas de distribución.

El capital se puede conseguir,
las fábricas se pueden construir,
pero a las personas se las tiene que ganar.
Hans Christoph von Rohr (1938 – actualmente) (Rohr, 2015)

Formas de distribución en su comparación cualitativa

Comparación según criterios de formas de distribución

En este apartado se compararán y contrastarán a las, ya presentadas, formas de distribución – comercio minorista, franquicia, marketing de redes y marketing de recomendación – de acuerdo a diferentes criterios.

La siguiente tabla muestra aspectos cualitativos, donde se detallan diversas ventajas y desventajas de las diferentes formas de distribución. A continuación, algunos de los criterios serán explicados, de manera ejemplar.

En primer lugar consideremos el aspecto de regalías. Como franquiciado pagas generalmente una suma relativamente elevada, ya sea en una sola ocasión o regularmente en tiempos preestablecidos. A cambio te pondrán a disposición ciertas prestaciones. Como minorista debes también construir tu propio concepto de marketing, para ello no necesitas pagar costes de licencia, sino invertir en tu propio concepto, eres independientes. Esa independencia también se aplica para aquellos que trabajan en marketing de redes. Generalmente se presentan regalías bajas, que surgen por el uso del **concepto de marketing existente**. En el caso del marketing de recomendación normalmente no existen regalías. El uso del concepto de marketing existente – un **plan completo de implementación** – se encuentra a disposición gratuitamente.

Otro criterio esencial que lo diferencia es la **ubicación**. Mientras que la franquicia y el comercio minorista están sujetos a un lugar, el marketing de redes y de recomendación te ofrece la posibilidad de trabajar mundialmente.

Comparación de Franquicias – Comercio minorista –
Marketing de redes y Marketing de recomendación
(de acuerdo a (Ihringer, 2014)) [2;3;4]

Denominación	Comercio minorista	Franquicia	Marketing de redes	Marketing de recomendación
Regalías/ costes de licencia	no	alto	bajo	no
Equipamiento de tienda	alto	alto	bajo	no
lugar fijo	si	si	no	no
Costos fijos	altos	altos		no
Empleados	posible	si	no	no
Crédito bancario indispensable	posible	si	posible	no
Experiencia laboral indispensable	si	si	no	no
Límite de ingresos	si/ depende de la estructura	si	si/ límite de niveles	no
Plan de marketing enfocado a...	volumen de ventas del producto	volumen de ventas del producto	venta	recomendación
Sistema de suscripción disponible	no	no	si	si
Margen comercial	si	si	posible	no
Retorno sobre las ventas	bajo	bajo	medio	alto
Formación/capacitación	costoso	costoso	bajo	bajo/gratuito
Club	Club de ventas/ venta estructurada	Club de franquicia	Club de ventas	Club de consumidores
Plan de realización	individual	Plan de implementación completo	Plan de implementación completo	Plan de implementación completo
Enfoque central...	negocio	negocio	negocio/ personas	personas
En posesión de...	accionistas/ propiedad privada	accionistas	accionistas/ propiedad privada	propiedad privada
Envío de productos atravez de...	tienda/ productor	tienda	productor	productor

---

[2] **Club de ventas** son asociaciones de proveedores y sus distribuidores.

[3] **Club de franquicia** son asociaciones de franquiciadores y franquiciados con el fin de establecer una buena estructura de comunicación entre ambas partes.

[4] **Club de consumidores** son asociaciones de oferentes y demandantes para garantizar asesoramiento competente, descuentos comunes, así como otros servicios.

También se pueden observar grandes diferencias de canales de distribución, en cuanto a los **empleado**s: En el caso del concepto de una franquicia es usual y muchas veces necesario, contar con cierta cantidad de empleados. Esto te pone en la crítica posición descrita anteriormente, de ser dependiente de su estado de salud y situación personal. En el comercio minorista, el número, depende del tamaño y tipo del negocio. Si el tamaño de tu empresa requiere de muchos trabajadores, te encuentras en la misma situación del concepto de franquicia. Si trabajas solo, afrontas otro reto: Si tienes vacaciones, tus ingresos también tendrán vacaciones. Si te enfermas, tus ingresos seguirán de vacaciones. En marketing de redes así como en marketing de recomendación, por lo general no cuentas con trabajadores. Además, especialmente en el marketing de recomendación tu situación personal está relevada, ya que si estableces tu red sistemáticamente el dinero sigue. Esto se dará a conocer detalladamente en los capítulos posteriores.

A continuación veamos el criterio de **límite de ingresos**. En el sistema de franquicia, tu ingreso es limitado, puesto que está sujeto por ejemplo a horarios de atención, horas de trabajo y tamaño del negocio. Del mismo modo en el comercio minorista y en el marketing de redes los ingresos son limitados. El comercio minorista se basa en una estructura, que puede abarcar desde una sola tienda, hasta una cadena de tiendas. No obstante, a partir de cierto número de empleados, una persona no será suficiente para administrar el negocio. En el marketing de redes existe otra restricción: Esto es debido al plan de compensación de ventas, los cuales son interrumpidos a partir de cierta etapa, donde no se pagan más comisiones. Tan solo el marketing de recomendación no tiene tales restricciones; es decir, el que recomienda no vende.

El **margen comercial** indica principalmente un recargo porcentual al producto, antes que sea revendido. Tales recargos son posibles tanto en la franquicia, como en el comercio minorista. En el caso de marketing de redes los recargos son también posibles, pero generalmente la decisión es individual. En cambio en el marketing de recomendación, todos los productos son ofrecidos en el mercado al mismo precio. El recomendador en si no vende nada.

Si observamos las **medidas de capacitación**, resalta claramente, que especialmente en el marketing de recomendación existen grandes ventajas en comparación a otras formas de distribución. Los costes para tales eventos o material, las que pueden estar a disposición en línea, no tienen que ser cubiertos por los recomendadores. En el marketing de redes generalmente también se ofrecen oportunidades de capacitación, pero usualmente se comparten los gastos. Tanto en el comercio minorista como en la franquicia, estas medidas corren a cargo de uno mismo.

El último punto interesante, que debe ser aclarado, trata la **relación de persona y negocio**. Mientras que en la mayoría de empresas (tales como: comercio minorista, franquicia y frecuentemente marketing de redes) el negocio es el centro, el marketing de recomendación establece nuevos caminos. En este punto, cabe citar una frase de Richard DeVos: El Marketing de recomendación usa el negocio para apoyar a las personas, mientras otros modelos de negocio, usan a las personas para apoyar el negocio. ¿Qué quiere decir esto? Que el enfoque central es la persona.

Probablemente es comprensible que, tanto en el comercio minorista como en la franquicia, las personas son imprescindibles para que pueda funcionar el negocio. Sin embargo en el marketing de recomendación estas personas son apoyadas. Se desarrollan personalmente mediante el proceso creciente de sistematización y profesionalización en sus recomendaciones. Es un proceso continuo, que influye, por ejemplo, en sus habilidades comunicativas y empresariales. Apoyas a otros, enseñándoles cómo funciona el **concepto de marketing de recomendación**, brindándoles la oportunidad de desarrollar las mismas habilidades: Por una parte recomiendas un producto que tú mismo consumes y valoras. Por otra parte ofreces la oportunidad de probar el marketing de recomendación y de experimentar una superación y desarrollo personal. Cabe resaltar que la disposición para el **aprendizaje** y la **apertura** hacia nuevos conocimientos, son muy importantes para el marketing de recomendación.

Comparación de canales de distribución relacionados a personas

En esta sección se presentarán algunos criterios de distinción entre empleados, emprendedores y recomendadores.

Comparación de empleados – emprendedores – recomendadores
(Según (Ihringer, 2014))

Criterios	Empleados	Emprendedores	Recomendadores
Tiempo de trabajo	38 – 40 horas semanales	50 – 80 horas semanales	10 – 40 horas semanales
Vacaciones	25 – 30 días/ fijado contractualmente	Con frecuencia difícil de planear/poco	Libre elección
Situación empresarial	Dependencia y muchas veces poca motivación	Independencia, pero con frecuencia mucho estrés y condiciones económicas poco favorables, muchas veces sin apoyo	Amplia independencia y distribución libre de tiempo, mentores/Si se desea, persona de contacto para orientación y asistencia
Ingresos (mensual)	400€ – 6.000€	1.000€ – 20.000€ o más	300€ – 30.000€ o más

Tan solo considerando el **tiempo de trabajo**, se pueden identificar claramente grandes diferencias. Como empleado tienes las "usuales 40 horas semanales" de trabajo, con poca hasta casi nada de flexibilidad.

Como emprendedor tienes por lo general, especialmente en la etapa de fundación, un tiempo de trabajo semanal de más de 40 horas. La gratificación del trabajo no es proporcional al tiempo invertido. En el caso del marketing de recomendación sin embargo, el tiempo invertido es directamente proporcional al éxito financiero. Además tienes el apoyo de personas que "saben cómo funciona el negocio": **mentores**.

La tabla señala claramente que los recomendadores necesitan invertir menos tiempo que los empleados y los emprendedores. Esto es justificable si se considera el criterio presentado en la sección anterior, como el **plan com-**

pleto de implementación y la posibilidad de aplicar un concepto de marketing ya existente.

Esta flexibilidad se refleja de manera parecida en la **posibilidad de vacaciones**. Mientras que un empleado tiene un tiempo definido de vacaciones, a las cuales está restringido, el emprendedor así como que recomienda, pueden decidir por sí mismos, cuándo y cuánto tiempo de vacaciones quieren tomar. No obstante, como recomendador se percibe siempre una comisión mensual – la "**SEGUNDA FUENTE**" – algo que normalmente, no se da en el caso del emprendedor.

La comparación de las respectivas **situaciones empresariales**, entre los trabajadores y su empresa, presenta un aspecto bastante interesante. Un estudio Gallup del 2014 determinó, que en promedio 70% de los **empleado**s, muestran una "actitud poco comprometida" frente a sus empleadores o empresas. 15%, mentalmente, ya no se sienten parte de la empresa. (Gallup GmbH & Financial Times Deutschland, 2014) En otras palabras se puede decir, que un 80% de los empleados no trabajan con entusiasmo. Es por eso que muchos piensan seriamente en otras alternativas.

Usualmente los **emprendedores** se encuentran con frecuencia bajo estrés. Diariamente ellos confrontan barreras burocráticas, inmensos recargos de impuestos y hasta condiciones económicas inestables, en lugar de una política con condiciones favorables. Las inversiones son usualmente entorpecidas, y en el peor de los casos, incluso impedidas por los bancos.

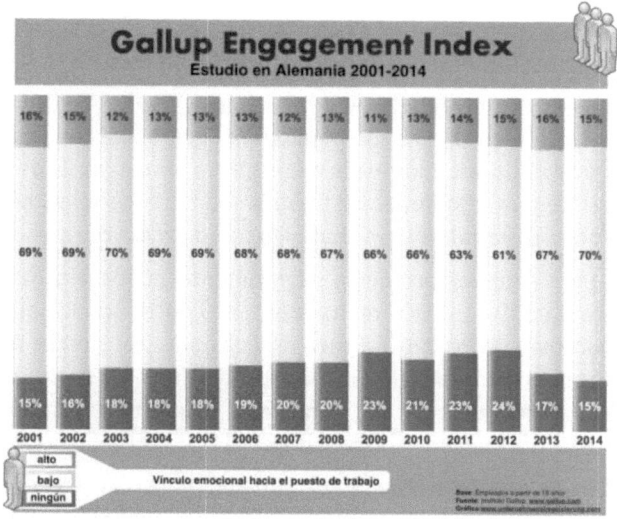

En cambio, en el **marketing de recomendación** te benefi-cias de la posibilidad de administrar tu tiempo libremente y de no estar atado a un lugar fijo de trabajo. Esta actividad se puede realizar como un empleo principal o paralelo. Tienes las condiciones de conseguir un entorno laboral personalizado, donde la comunicación con otras personas desempeña un papel importante. Inclusive puedes escoger con qué personas prefieres tener contacto y trabajar en equipo. ¡Tú creas tu propio entorno laboral, con las perso-nas a quienes brindas la oportunidad de participar del mar-keting de recomendación! Los trabajos burocráticos tradicionales, como por ejemplo, hacer facturaciones, sa-car cuentas, trabajar en el almacén o planificar el personal, son casi totalmente eliminados, ya que son asumidos por el marketing de recomendación.

Y por último, veamos los **ingresos mensuales** comparativamente. Como un trabajador promedio, talvez conozcas el problema, que a **fin de mes** te queda no más que 500€ de tu ingreso neto para tus gastos personales. Incluso a veces es difícil que el dinero alcance hasta el fin de mes.

Pequeños emprendedores se ven muchas veces confrontados con el problema, de percibir un sueldo inferior al de sus **trabajadores**. Ellos están expuestos a las cargas ya descritas de jornadas largas de trabajo, menos vacaciones entre otras situaciones empresariales como excesivo estrés.

Un emprendedor promedio seguramente puede alcanzar hasta 5.000€ - 15.000€ mensuales, pero pocos son los que ganan más de 20.000€ al mes. No obstante, el **sueldo de un emprendedor** es, a comparación del sueldo de un empleado, un **ingreso bruto**, el cual está expuesto a recargos de seguro social entre otros gastos.

Los **trabajadores ocasionales** promedio en el marketing de recomendación ganan entre 300€ y 1.500€. **Trabajadores a tiempo completo** en el marketing de recomendación, pueden percibir un sueldo entre 5.000€ y 25.000€, según la inversión de tiempo. **Recomendadores profesionales**, que trabajan perseverantemente con el concepto del marketing de recomendación, pueden obtener un sueldo de hasta más de 30.000€.

Respecto a esto, me gustaría compartir una pequeña anécdota: Siempre hay personas que sueñan con hacerse independientes y volverse emprendedores. Según Maslow, este sueño se trata de la realización personal, la autonomía así como la libertad amplia que estas conllevan. (Clausius, 1998, S. 12), (Clausius, 2014, S. 21) Pero lamentablemente, muchos de ellos terminan siendo esclavos del trabajo sin nada de tiempo libre sin embargo cuando comparamos a los empleados, podemos ver que estos tienen dos días libres por semana así como días festivos no laborables. Eso quiere decir que, de las 52 semanas al año, entre 115 a 120 días no son laborables – sin considerar las vacaciones previstas por la ley. Por consiguiente, los empleados pueden contar con cerca de 150 días libres anualmente.

"**¿Y tú, te has hecho independiente?**" ¿Realmente tienes más libertad, más autonomía, más realización personal y más riqueza?

Supongamos que la **verdadera riqueza** consista en la libertad y posibilidad de organizar la vida propia, según los deseos y sueños individuales. Entonces surge la pregunta, de cómo se puede hacer realidad esto.

Entonces, ¿Qué impide, independizarte exitosamente en el marketing de recomendación?

Las personas están influenciadas por su entorno. Talvez has notado que, tus padres siempre trabajaron para otros y quieres hacer lo mismo. Quieres seguir el ejemplo de tus padres. Pero si quieres decidir por ti mismo cómo vivir en el futuro, tienes que abrir tu mente a nuevos avances y dejar el camino viejo atrás, eres el dueño de tus decisiones para el futuro.

Los desafíos de hoy, como el desempleo, la crisis bancaria o la contaminación ambiental no serán solucionados por quienes los hayan causado. La situación en este mundo solo puede cambiar, si las personas están dispuestas a asumir esta responsabilidad, para el bien de generaciones futuras. (Clausius, 2012). Lo mismo ocurre con la actitud abierta a nuevos modelos de negocio y con la responsabilidad hacia los socios.

Asumamos que, entre tu deseo de ser independiente y tú existe un único obstáculo: **Miedo**.

El miedo de que, al fundar una empresa sin nadie a tu lado, te cueste mucho dinero y tiempo y que además tenga un riesgo incierto consigo. Seguramente crees que necesitas sumas inmensas, tienes que trabajar entre 60 y 80 horas semanales en los primeros años y que tienes que renunciar a un sueldo fijo. De ser así, estarías renunciando a tu medio de subsistencia y a lo que considerabas como algo "seguro". También consideras que, no tienes mucha experiencia en la fundación de una empresa, ni los suficientes conocimientos en economía. A lo mejor te das cuenta que, primero tienes que visitar un **seminario para compañías incipientes**, ya que también te hacen falta conocimientos en gestión, inversión y finanzas, (Clausius, 1999) o contabilidad (Clausius, 1998). Además quizás te preocupe el hecho de estar solo en este camino, sin el apoyo de algún socio o mentor.

En el marketing de recomendación, no necesitas preocuparte por esos miedos: Puedes empezar sobre una base sólida obteniendo un puesto seguro de trabajo, sin necesidad de invertir dinero, además al principio solo tienes que dedicarle un par de horas semanales. Si no funciona, aún te queda la mencionada "seguridad" de un empleo. Asimismo tienes la posibilidad de contar con el apoyo de mentores, si así lo deseas.

Si primero quieres convencerte de la calidad del producto que recomiendas, pues primero tienes que experimentarlo tú mismo. En este contexto cabe tener en cuenta además, que un gastrónomo no construye un negocio para comer la mayor cantidad posible, sino para tener éxito en su negocio. Él no tiene que ser el mejor cliente de él mismo. Puedes prosperar gracias a las vivencias y experiencias de otros y confiar en ellas. Con una buena mezcla de tus experiencias propias y las referencias de otros, lograrás eliminar las inseguridades.

En el marketing de recomendación, raramente sucede que alguien tenga éxito inmediatamente. Se trata de una edificación a plazo largo, de éxitos permanentes y continuos.

A través de un procedimiento sistemático, es posible lograr un ingreso en un tiempo de entre 3 a 4 años. Algo que, en el "mundo cotidiano de negocios", normalmente se consigue entre 30 a 40 años.

Actualmente la mayoría de personas `trabaja arduamente´ entre 30 a 40 años para un **empleador**, para que en la edad de jubilación, por fin puedan emprender grandes viajes. Sin embargo, según las condiciones jurídicas de la ley alemana esto significa que, estos viajes tienen que ser financiados con menos del 50% del último salario neto, en otras palabras, te hará falta tiempo y en el peor de los casos también dinero. El marketing de recomendación podría permitirte realizar tus metas, deseos y sueños en menor tiempo. El éxito sostenible en el marketing de recomendación se alcanza por medio de actividades continuas y sistemáticas; las cuales son exitosas, si son "bien aplicadas".

Si en el marketing de recomendación alguien reporta sobre un "**éxito rápido**", generalmente suele suceder bajo circunstancias especiales. Personas que logran rápidamente posicionarse como líderes en el marketing de recomendación, tienen usualmente ciertos antecedentes. Algunas de las razones, por las que una persona haya logrado una gran red, por ejemplo en tan solo un mes, podrían ser:

1. La persona fue director de una escuela por más de 30 años. Además daba clases de deporte. Todas las personas lo conocían y confiaban en él. En breve: Casi todos los habitantes fueron a su escuela. ¡Cómo rechazar una oferta de alguien, que fue tu educador!

2. *Esta persona fue a su vecindario de puerta en puerta y todos a los que habló, se convirtieron en sus socios. Su padre fue un miembro del ayuntamiento y propietario de muchas casas del vecindario. Así que los vecinos creyeron, que era mejor hacer lo que él les proponía.*

3. *Esta persona tiene ya 20 años de experiencia en el marketing de recomendación. Tiene muchos contactos, relaciones y amigos; es por eso que, las personas que lo conocen, lo respetan y confían en él. Esta persona pudo edificar rápidamente una red, debido a que ya había tenido éxito con otra empresa. De cierto modo, esta persona ha organizado el "éxito rápido" en 20 años.*

El `**éxito rápido**´ en el marketing de recomendación es algo que ocurre raramente. El marketing de recomendación tampoco se trata de un éxito rápido, sino de un éxito continuo y creciente – se trata de "hechos". En el marketing de recomendación el éxito se tiene que merecer, por eso se puede decir:

> *„¡Servir viene antes de servirse!"*
> **Según Henry Ford (1863 – 1947)**

Esta es también la razón, por la que algunas personas crecen más rápido que otras en el marketing de recomendación. Si te encuentras en una situación en la que raramente tienes contacto con otras personas, precisamente el concepto del marketing de recomendación, te ofrece la posibilidad de poder establecer nuevas relaciones. En cuanto empieces a tener más contactos, tu red personal también crecerá; del mismo modo, podrá crecer tu negocio – ¡A través de recomendaciones continuas!

Comparación cuantitativa de los canales de distribución

El potencial de duplicación

Las personas están acostumbradas a pensar en un crecimiento constante y lineal. Veamos ahora que significa un crecimiento exponencial. Muchos conocen el ejemplo del tablero de ajedrez y los granos de arroz[5], pero la mayoría desconoce su relevancia práctica.

Para poder lograr una **"SEGUNDA FUENTE"** con el marketing de recomendación, al inicio es *n e c e s a r i o* explicar la importancia de concentrarse en candidatos serios y `no tratar de recomendar algo a todo el mundo´.

¡Los candidatos o `**socios serios**´ son personas que reconocen las oportunidades y saben emplearlas consecuentemente!

Existen diferentes formas de duplicación en el marketing de recomendación. Si el concepto de marketing solamente se multiplica (duplica) una vez por mes se trata de una **1ra-Duplicación**, si se multiplica dos veces se trata de una **2da-Duplicación** y si se multiplica cinco veces se trata de una **5ta-Duplicación**.

---

[5] El inventor del **juego de ajedrez** habría impresionado tanto a su rey, que le tuvo que conceder un deseo. El "solo" pidió que, el **tablero de ajedrez sea llenado con granos de arroz**, pero de la siguiente manera; un grano en el primer casillero, dos en el segundo, cuatro en el tercero y así sucesivamente. De esta manera los granos de arroz se duplicaban en el siguiente casillero. El rey pensó que podía cumplir el supuesto modesto deseo, y aceptó. Si hubiera tenido conocimientos en matemática, seguramente no habría aceptado ese deseo. En el casillero 64 del tablero de ajedrez se obtendrían 9.223.372.036.854.775.808 maíces. Con la suma de todos esos granos del tablero de ajedrez (18.446.744.073.709.600.000 granos de arroz), se podría cubrir toda la tierra.

Ten en cuenta, lo que significaría, si por mes, recomiendas tu concepto solamente a **u n a persona** y las ayudas a seguir creciendo en este negocio.

Serie numérica de la 1ra-Duplicación

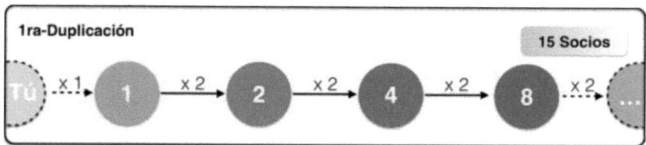

Además puedes mostrar la diferencia con la 2da-Duplicación, presentando la siguiente serie numérica: (Failla, 2002, S. 13ff.), (Failla, 2008, S. 19ff.)

Serie numérica de la 2da-Duplicación

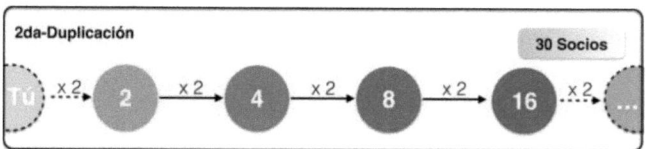

Ésta serie numérica[6] presenta la potenciación de tu negocio de recomendación, si tú y cada uno de tus socios integran a **d o s socios serios** mensualmente a tu red. Tú solo recomiendas tu negocio a **u n a persona más** por mes. Si sigues con este procedimiento, en tan solo cuatro meses tendrás 30 socios nuevos, afiliados a tu concepto de marketing. ¡El tamaño de tu **equipo** se habrá duplicado!

---

[6] Nota: Si tu candidato no es capaz de comprender esta operación matemática simple, no continúes calculando nada para esa persona. ¡Solo te va a ocasionar confusiones!

¿Cómo se vería la serie numérica, si tú y cada participante de tu equipo integraran **t r e s** **socios serios** mensualmente? Tú explicas a tres `personas confiables´, como tienen que asesorar a otras tres personas. De aquí surgen nueve socios `**nuevos**´ para ti.

Serie numérica de una 3ra-Duplicación

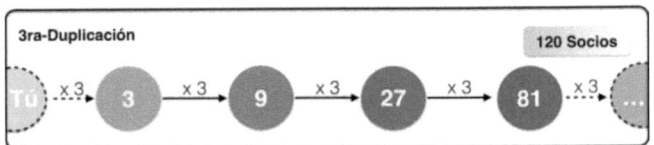

A estos `**nuevos**´ les explicas nuevamente, como tienen que recomendar el concepto de marketing a sus **t r e s** `**socios serios**´ y de pronto aparecen 27 personas en tu equipo. Con la siguiente duplicación se obtienen 81 socios. Así tendrás 120 socios en tu equipo. ¡Tu **equipo** se habrá **multiplicado por ocho**!

Comparación de la serie numérica de una 2da-Duplicación y 3ra-Duplicación

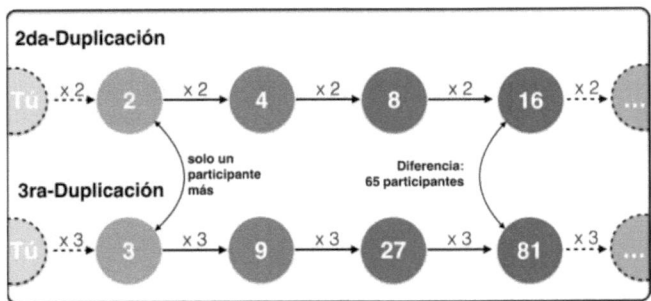

¿Qué pasó? ¡Note la diferencia entre 81 y 16 participantes! ¡Ahora cuentas con 65 `**nuevos**´ más en tu equipo!

¿Ves la **diferencia**?

Tan solo has explicado tu concepto exitosamente a **u n a persona más por mes.** ¡A partir de ahí, el procedimiento se ha reproducido respectivamente a otras personas!

Asumamos que, tu concepto se incrementa a **c u a t r o `socios serios´:**

Serie numérica de una 4ta-Duplicación

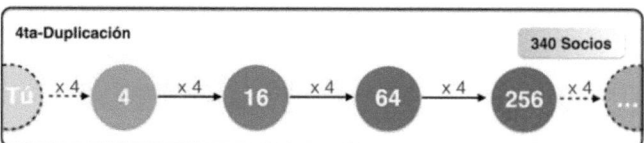

Tanto tú como cada uno de tus `nuevos´ socios serios asesoran ahora a otros **c u a t r o `socios serios´.** Así mismo apoyas e instruyes a esos **cuatro `socios nuevos´,** cómo apoyar e instruir a otros cuatro socios nuevos: De aquí surgen 16 socios nuevos. Del mismo modo enseñas a estos 16, como recomendar y apoyar a otros **cuatro `socios serios´,** de esta manera tu red a 64 `socios nuevos´. En el siguiente mes tu red de marketing de recomendación se incrementará a 340 personas.

¡Comparado con la 1ra-Duplicación, tu **equipo** se ha **multiplicado por el factor 22!**

¿Qué ha pasado? ¡Note la diferencia entre 256 y 16 participantes! ¡Ahora tienes incluso 240 `socios nuevos´ más en tu equipo! ¿Ves **la diferencia?**

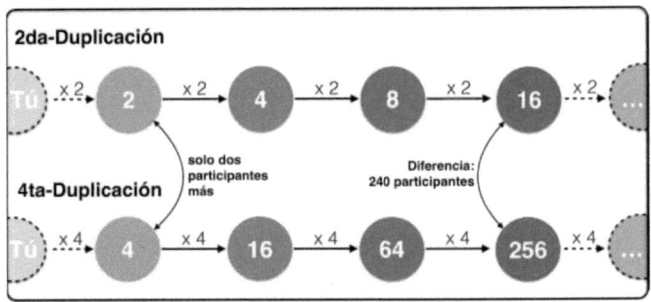

¿Puedes notar la gran diferencia?

¡Al enseñar exitosamente tu concepto a **tan solo d o s
personas** adicionalmente por mes, lo has transmitido a las
siguientes personas!

Supongamos que, incrementas tu e quipo **a c i n c o
`socios serios´** por mes:

Serie numérica de una 5ta-Duplicación

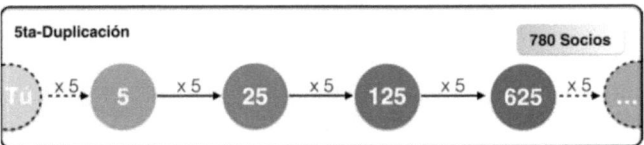

Ahora tú y cada uno de tus socios asesoran respectivamente a **c i n c o** `socios serios´. Tu negocio de marketing
de recomendación aumentó a 780 personas en cuatro meses.

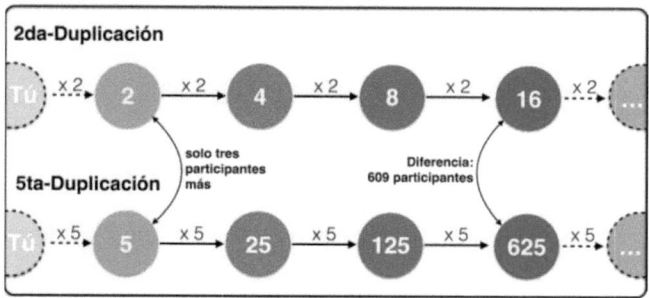

¿Y ahora qué pasó? ¡Observa la diferencia entre 625 y 16 miembros! ¡Lo que significa que ahora tienes 609 ‘socios nuevos´ en tu equipo! ¿Puedes ver la **exorbitante diferencia**?

Tú y cada miembro de tu equipo tuvieron que recomendar mensualmente tan **solo a t r e s personas más** y asesorarlas. ¡780 personas fueron instruidas exitosamente con tu concepto, las cuales inculcarán el procedimiento a otras personas!

¡Tu **equipo** se ha multiplicado por el factor 52!

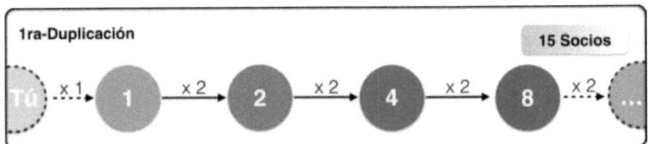

Incremento del número de socios en el **doble**, a comparación de la 1ra-Duplicación

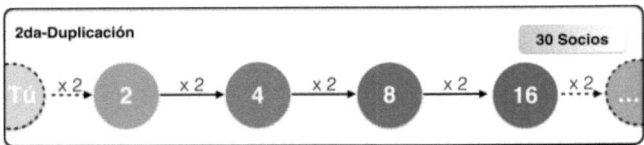

Incremento del número de socios en **ocho** veces, a comparación de la 1ra-Duplicación

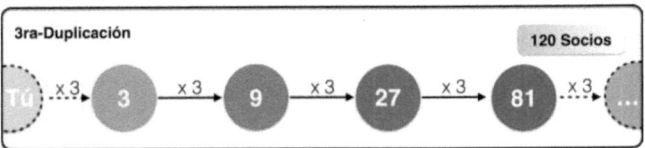

Incremento del número de socios en **veintidós (22)** veces, a comparación de la 1ra-Duplicación

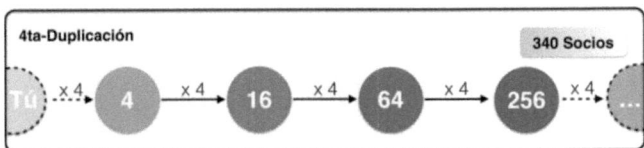

Incremento del número de socios en **cincuenta y dos (52)** veces, a comparación de la 1ra-Duplicación

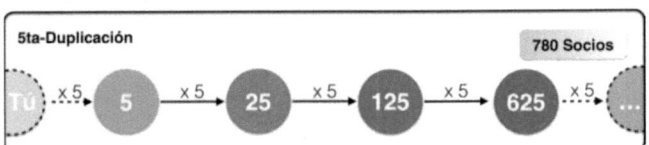

Usualmente las personas perciben que están asesorando a solo dos, tres, cuatro o cinco socios serios, sin pensar en el aumento exponencial progresivo de hasta 16, 81, 256 o 625 socios.

Supongamos que quieras asesorar a **cinco** `socios serios´ para establecer tu negocio. Es probable que no aciertes con ellos de inmediato, para ello seguramente tendrás que introducir tu concepto a 20, 40 o 60 personas.

> *Este libro te permitirá descubrir*
> *más rápido a los `socios serios´*
> *y guiar a aquellos descubiertos*
> *rápidamente hacia el éxito.*
> **Eike Clausius**

Ya con la 5ta-Duplicación, habiendo seguido consecuente-mente el principio, deberás contar con 780 `**socios serios´** en tu red.

Ahora la pregunta es: ¿Alguien ha comprado o vendido algún producto hasta el momento?   – NO –

Si tan solo se toma en cuenta que, cada uno de los 780 `**socios serios´** compra para el consumo propio, se podrá generar un volumen de ventas considerable.[7]

Pues bien, imagina que adquieras diez `clientes´ por cada `socio serio´. ¡A raíz de esto existirían 7.800 clientes aparte de tus 780 `socios serios´, es decir, 8.580 usuarios de tu oferta de productos! ¡Un negocio rentable y tan solo con `**5 socios serios´ con 10 `consumidores´** por participante!

---

[7] Durante tu búsqueda de `socios serios´, también te encontrarás con personas que solo estarán interesadas en el producto o que no quieran hacer nada.

Recuerda que: Directamente trabajas solo con 5 personas – lo cual es manejable. Si hay más de 7 personas (`**el número mágico siete**´; en inglés: `**the magical number of seven**´), tendrás que establecer una jerarquía para mejorar la comunicación, como suele pasar en las empresas `normales´.

¡Trabaja directamente como máximo con 6 personas;
de otra manera tus socios se podrían decepcionar!
Eike Clausius

Generación de ingresos en el marketing de recomendación –
La metáfora del árbol

¿Cómo generan las personas sus ingresos generalmente y cómo lo puedes hacer con el marketing de recomendación? Esto se puede describir fácilmente por las características de tres grupos:

1. *Grupo: Este grupo de personas pertenecen a los **cazadores, recolectores y comerciantes** – ellos juntan horas de trabajo y las cambian por dinero.*

2. *Grupo: Viven bajo la **ley de siembra y cosecha**: Ellos siembra siempre en primavera y cosechan siempre en otoño. Solo pueden cosechar lo que han sembrado – ¡Si se sembraron granos, entonces se cosecharán granos! Se espera cosechar lo que se ha sembrado.*

3. *Grupo: Estas personas **plantan árboles**. La edificación de una exitosa y gran red, descrita en los capítulos anteriores, puede ser expresada como un gran árbol productivo.*

El marketing de recomendación se refiere al grupo 3.

Nosotros establecemos la base de un árbol. Buscaremos lo siguiente:

1. *Primeramente un suelo adecuado como **base**. Cavaremos los primeros huecos y nos percataremos si tenemos suficiente **agua**.*

2. *Seguidamente plantaremos los primeros **retoños**.*

3. *Dichos retoños se convertirán en **árboles pequeños** – aún sin frutos grandiosos.*

4. *Estos se convertirán en **árboles medianos**, donde se podrán apreciar los primeros frutos.*

5. *Seguidamente en **árboles grandes**, que ya producen buenos frutos.*

6. *Finalmente en **árboles espléndidos** con frutos buenos y estables.*

Por lo tanto, para ser exitoso es necesario invertir tiempo en la búsqueda de una tierra prometedora. Depende de tu aporte personal y de cuán buena y óptima sea la base: ¿Es el suelo fértil o es preciso fertilizarlo, regarlo o abonarlo?

En este tramo, es importante poner en consideración los costes y beneficios. A veces es mejor seguir desplazándose hasta hallar un suelo adecuado. La profundidad y la resistencia de la base determinarán cuánto pueden crecer tus árboles. Si los árboles por fin dan frutos regularmente, se le puede llamar un **ingreso pasivo.**

Cada primavera, el árbol de manzana muestra sus flores y en otoño da frutos. Este hecho representado por los **pagos de comisión** mensuales de una empresa, que distribuye sus productos vía marketing de recomendación. El **ingreso pasivo** es generado por la plantación de árboles. Estos necesitan ser regados, fertilizados, cuidados e incluso a veces podados, para que estén en forma. Cuando plantes árboles, espera un tiempo para que florezcan. No jales forzosamente los primeros retoños, creyendo que así crecerán más rápido.

Debemos dedicarnos a los árboles y cuidarlos hasta que llegue el tiempo en el que den frutos. Cada árbol contiene una semilla, que puede significar un nuevo sustento. Si estas semillas caen en un suelo fértil, la cantidad de árboles aumentará. Este es un ingreso pasivo real – la creación independiente de un nuevo sustento (Steiner, 2015, S. 18f.). ¡Reconoce el valor de las "manzanas", pues, se pueden contar las semillas en una manzana, pero no se pueden contar las manzanas en una semilla! (Steiner, 2014, S. 159)

"La gente más rica en el mundo busca y construye REDES.
Los demás buscan trabajo"
Robert Kiyosaki (1947 – actualmente)

Comparación de ganancias de los diferentes canales de distribución

Para reconocer, las ventajas que tiene el marketing de recomendación frente a otros canales de distribución, se tienen que considerar indispensablemente dos aspectos:

1. *¡Trabaja sistemáticamente en el marketing de recomendación!*
2. *¡Trabaja con un sistema!*

Trabajar con un sistema exitoso es importante. Al inicio de tus actividades en el marketing de recomendación muchas cosas funcionarán aún por encargo directo y sin un sistema – como en una empresa pequeña. Sin embargo, a medida que crezca el personal, será imprescindible sistematizar las actividades y hacerlas comprensibles para cada participante. Los principios fundamentales deben ser aplicados consecuentemente.

La compensación por recomendaciones a través de la empresa, puede ser expresada en un **plan de compensación**. Debes trabajar con una empresa, cuyo plan de compensación permitan provisiones de niveles profundos. Así solo necesitarás contactar directamente a cinco personas, que realmente quieran emprender algo, estos serán llamados `socios principales´. Con ellos puedes cooperar y continuar duplicando tu sistema a niveles más profundos.

En la siguiente sección se mostrarán los efectos financieros, relacionados a la profundidad de una red:

(a) En el comercio directo,

(b) En una red de marketing de recomendación con limitación de niveles y

(c) En una red de marketing de recomendación sin limitación de niveles.

En base a una 5ta-Duplicación de una empresa con una comisión de ventas del 30%, se podrá apreciar la diferencia que existe entre comisiones de 5 niveles con el 6% de comisión por nivel y comisiones de 6 niveles con "solo" el 5% de comisión por nivel. ¡La pequeña diferencia entre un nivel adicional y un 1% menos de comisión, conduce a un resultado realmente impresionante!

Comparación de comisiones de venta de diferentes canales de distribución
de acuerdo al ejemplo de una 5ta-Duplicación

Variante 1		con 50 €	volumen de ventas y	30 %	para el vendedor del comercio directo			15,00 €
Variante 2		con	5	niveles a		6 %	de comisión de ventas	
Nivel 1	5	pers. c/u con 50 €	de volumen de ventas generan	250 €	de volumen de ventas	de lo cual	6 % resulta	15,00 €
Nivel 2	25	pers. c/u con 50 €	de volumen de ventas generan	1.250 €	de volumen de ventas	de lo cual	6 % resulta	75,00 €
Nivel 3	125	pers. c/u con 50 €	de volumen de ventas generan	6.250 €	de volumen de ventas	de lo cual	6 % resulta	375,00 €
Nivel 4	625	pers. c/u con 50 €	de volumen de ventas generan	31.250 €	de volumen de ventas	de lo cual	6 % resulta	1.875,00 €
Nivel 5	3.125	pers. c/u con 50 €	de volumen de ventas generan	156.250 €	de volumen de ventas	de lo cual	6 % resulta	9.375,00 €
Nivel 6	15.625	pers. c/u con 50 €	de volumen de ventas generan	781.250 €	de volumen de ventas	de lo cual	0 % resulta	0,00 €
Total	19.530	pers. c/u con 50 €	de volumen de ventas generan	976.500 €	de volumen de ventas		resulta	11.715,00 €

diferencia 37.110,00 €

Variante 3		con	6	niveles a		5 %	de comisión de ventas	
Nivel 1	5	pers. c/u con 50 €	de volumen de ventas generan	250 €	de volumen de ventas	de lo cual	5 % resulta	12,50 €
Nivel 2	25	pers. c/u con 50 €	de volumen de ventas generan	1.250 €	de volumen de ventas	de lo cual	5 % resulta	62,50 €
Nivel 3	125	pers. c/u con 50 €	de volumen de ventas generan	6.250 €	de volumen de ventas	de lo cual	5 % resulta	312,50 €
Nivel 4	625	pers. c/u con 50 €	de volumen de ventas generan	31.250 €	de volumen de ventas	de lo cual	5 % resulta	1.562,50 €
Nivel 5	3.125	pers. c/u con 50 €	de volumen de ventas generan	156.250 €	de volumen de ventas	de lo cual	5 % resulta	7.812,50 €
Nivel 6	15.625	pers. c/u con 50 €	de volumen de ventas generan	781.250 €	de volumen de ventas	de lo cual	5 % resulta	39.062,50 €
Total	19.530	pers. c/u con 50 €	de volumen de ventas generan	976.500 €	de volumen de ventas	de lo cual	5 % resulta	48.825,00 €

La tabla aclara la ventaja que ostenta el marketing de recomendación sin limitación de niveles frente al comercio directo y al marketing de recomendación con limitación de niveles:

La primera variante muestra el comercio directo clásico. Aquí un vendedor recibe el total del 30% de comisión por el volumen de ventas de 50€. Cuantos más socios directos tenga, más alto serán sus ingresos. Sin embargo, esto será limitado por el tiempo (de vida), que dedica a su negocio.

La segunda variante parte igualmente de una 5ta-Duplicación con un volumen de ventas de 50,00€ por participante y una comisión del 30%. Esto corresponde a un típico plan de compensación en el marketing de recomendación. En total se reparte el 30% de comisión entre 5 niveles equitativamente al 6% por nivel. Según la tabla, un volumen de ventas de 50€ por socio, podría corresponder a un pago de 9.375,00€.

La tercera variante se basa en un plan de compensación sin limitación de niveles, del cual solo son expuestos seis niveles. La comisión del 30% es distribuida equitativamente entre los seis niveles expuestos al 5% por nivel. Si bien es cierto, el pago de comisión en el quinto nivel es de "solo" 7.812,50€, en el sexto nivel asciende hasta 39.062,50€. La diferencia frente a la segunda variante es por consiguiente de 29.667,50€. De este modo, cada nivel añadido genera comisiones aún más sorprendentes. ¡En 10 niveles con una provisión de solo un 3%, los resultados serían exorbitantes!

La siguiente ilustración esclarece que especialmente en el marketing de recomendación, se puede suscitar un gran incremento mensual del sueldo adicional. Un sistema que supera cinco niveles de profundidad, es entonces claramente más rentable que un sistema limitado a cinco niveles de profundidad. Se lleva a cabo, entonces un crecimiento exponencial de las comisiones, cuanto más se duplique el sistema en niveles más profundos. Cabe destacar, que la remuneración pro profundidad de niveles en el marketing de recomendación, varía de acuerdo al concepto de cada empresa.

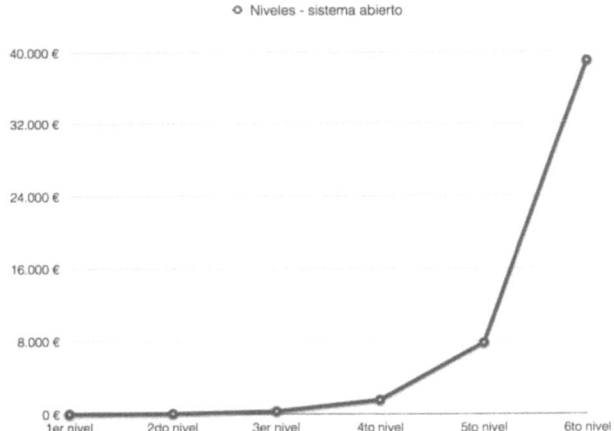

Incremento exponencial de la oportunidad de ingreso en el marketing de recomendación

Sin embargo para que tales sistemas funcionen, se necesita reglas, que tienen que ser acatadas puesto que:

¡La libertad es más amplia allí,
donde las reglas están claramente definidas!
Eike Clausius

*"No es la especie más fuerte la que sobrevive,
ni la más inteligente,
sino la más receptiva al cambio"*
Charles Darwin (1809 - 1882)

Funcionamiento del marketing de recomendación

Los fundamentos - ¿Todo comienzo es difícil?

El marketing de recomendación es interesante para todos, debido a los aspectos económicos expuestos anteriormente: Emprendedores, personas que tienen pensado emprender o negociar, personas calificadas y directivos, empleados, trabajadores, hombres y mujeres, especialmente madres y padres solteros, parejas, personas de tercera edad, jubilados así como personas en busca de trabajo (Andes, 2. Aufl., 2005, S. 24f.).

Los vendedores profesionales suelen fracasar en el marketing de recomendación (Failla, 2002, S. 17f.), ya que generalmente quieren aplicar su procedimiento "probado", finalmente ellos son los "expertos" (Failla, 2002, S. 17). No obstante estos procedimientos "orientados a las ventas", no son transmitidos a otras personas – no son aptas para ser reproducidas. En el marketing de recomendación no se trata de vender, se trata de apoyar a las personas en la transmisión de un procedimiento sistemático, para construir una gran red exitosa. A través de capacitaciones y asesoramientos, será posible transmitir repetidamente (duplicar) un concepto existente y eficaz. Por tanto los vendedores pueden ser exitosos en el marketing de recomendación, siempre y cuando estén abiertos a nuevas ideas y dispuestos a aprender.

Un procedimiento orientado a las ventas, conduce a lo que será ilustrado en el siguiente ejemplo: Si un asesor orientado a las ventas (Persona 1) instruye el éxito del marketing de recomendación a otro asesor orientado a las ventas (Persona 2), y el asesor 1 desiste, antes de haber enseñado al asesor 1, el asesor 2 también desiste. El resultado será que, no edificarán ninguna red, sino solo una creación individualistas.

La finitud de un marketing de recomendación orientado a la venta

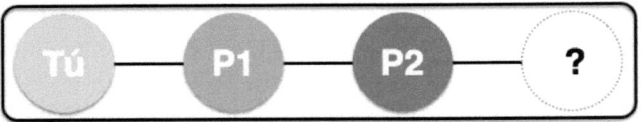

Las redes orientadas a las ventas suelen multiplicarse difícilmente, por tanto un marketing de recomendación exitoso tiene que seguir el siguiente principio:

Una duplicación exitosa en el marketing de recomendación debe abarcar por lo menos tres niveles de profundidad.
Eike Clausius

Ten presente que debes presentar la oportunidad de marketing de recomendación, por lo menos a tres **personas seriamente interesadas** en construir un negocio. Asimismo debes de indicar a esas personas que:

1. *¡Pueden establecer y distribuir su tiempo de trabajo flexiblemente!*
2. *¡El reconocimiento por el trabajo realizado será retribuido tanto financieramente así como a través de bonos adicionales; es decir que el nivel de sus ingresos puede desarrollarse según sus necesidades!*
3. *¡Pueden decidir por sí mismos hacer las cosas a solas o encontrar aliados, con quienes puedan cooperar y poner en práctica sus capacidades y talentos!*
4. *¡Pueden constituir un grupo con personas que aprecian, desarrollando el potencial de estas mismas y ofreciéndoles una nueva perspectiva de vida!*

5. *¡Pueden emprender una carrera sin distinción de edad, sexo y color de piel!*
6. *¡Tienen la oportunidad de desarrollar un negocio sin límites regionales desde su casa!*
7. *¡A través del permanente contacto con personas de actitud positiva pueden ganar valentía, esperanza y confianza para los años de vida posteriores!*
8. *¡Pueden desarrollarse personalmente por medio de seminarios casi gratuitos con docentes exitosos!*
9. *¡Pueden definir el nivel de su renta posterior, sin pagar contribuciones!*
10. *¡Pueden brindar un seguro económico a su familia, a parte de la pensión obligatoria*
11. *¡Pueden permanecer en otros países como parte de su nuevo trabajo y deducir los gastos de impuesto en su país!*
12. *¡Pueden heredar su negocio de tal manera que sea continuado por la siguiente generación!*

Como se mencionó anteriormente, una **duplicación exitosa** tiene que implicar al menos tres niveles de profundidad. Puedes mostrar a tus socios, como pueden establecer sistemáticamente un negocio contigo.

Duplicación mínima de tres niveles de profundidad
en un marketing de recomendación exitoso

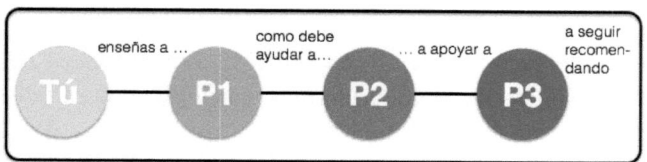

Como regla de una duplicación mínima debe valer:

Tú enseñas a la persona 1,
como debe ayudar a la persona 2,
a apoyar a la persona 3, a seguir recomendando.
Eike Clausius

Es importante inculcar que **TÚ** ayudas a la persona 1 a formar un negocio. En este caso la **persona 1** no trabaja para ti, sino **TÚ** trabajas para la **persona 1**. Del mismo modo la **persona 1** tiene que tener claro que, **TÚ** le apoyas a establecer unos negocios juntos. Esto contrasta fuertemente con las estructuras de negocios comunes, en las que las personas trabajarían para ti para ganar dinero.

La persona 1 tiene que tener un interés serio en establecer un negocio. Para ello **TÚ** instruyes a la **persona 1** y le ayudas a construir una red con la **persona 2**. Conjuntamente con la **persona 3** podrás ampliar tu red.

Este procedimiento es exitoso solo si: Tú enseñas a la persona 1. Si te detienes, se detiene la persona 1, ya que no sabrá lo que debe hacer. Si instruyes a la **persona 1** a seguir recomendando y le ayudas constantemente a apoyar a la **persona 2**, entonces el primer paso de la duplicación está culminado. Si la persona 1 no aprende a apoyar a la persona 2, entonces tu red no surgirá. Por consiguiente tú debes enseñar a la persona 1, como debe ayudar a la persona 2 a apoyar a la persona 3 a seguir recomendando.

Por ende, la persona 1 puede recomendar a la persona 3, con la ayuda de la persona 2. ¡Solo así tendrás un grupo de más de tres niveles de profundidad! Recién ahora puedes considerar, que con esta estructura tu red progresará y continuará funcionando adecuadamente – incluso sin asesoramiento constante. **Es decir, lo primero para tu marketing de recomendación debe ser lograr una red de contactos de más de tres niveles.**

En tal red de relaciones, tú conoces a la persona 3 por medio de la conexión de persona 1 y persona 2. **Establecer relaciones** significa lograr vínculos pacientemente y reconocer la singularidad de las personas (Saint-Exupéry, 1998, S. 69).

Las siguientes figuras muestran el desarrollo procesal de tu red, a partir de tres o más niveles de profundidad. En esta sección se tratará de explicar cómo visualizar este procedimiento en las diferentes versiones del libro, tanto la edición impresa como la edición del eBook.

Edición impresa:

Posicionar el libro sobre la mesa con la página principal hacia atrás y hojear con el dedo pulgar derecho como un **filioscopio**[8]. Así podrás ver el proceso exitoso de la 1ra-Duplicación con tres niveles de profundidad.

Edición de eBook:

Para visualizar el proceso exitoso de la 1ra-Duplicación con tres niveles de profundidad, pulsar o deslizar el dedo dos veces, tan rápido como quieras pasar las páginas.

---

[8] En un **filioscopio** se contemplan una serie de ilustraciones estáticas como una secuencia de imágenes, este proceso es asimilado por la vista como una escena.

Duplicación mínima de tres niveles de profundidad
en un marketing de recomendación exitoso:
– Proceso de recomendación, apoyo, capacitación y fomento –
Nivel 1

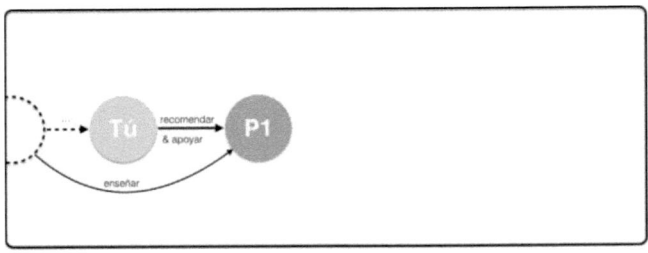

Notas

Duplicación mínima de tres niveles de profundidad
en un marketing de recomendación exitoso:
– Proceso de recomendación, apoyo, capacitación y fomento –
Nivel 2

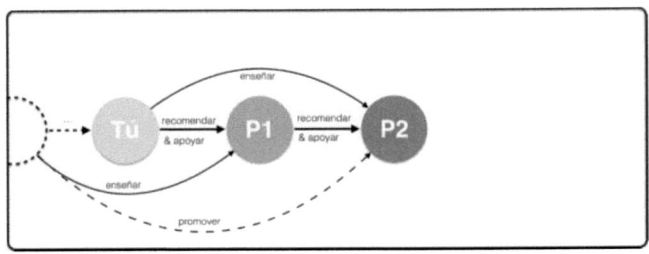

Notas

Duplicación mínima de tres niveles de profundidad
en un marketing de recomendación exitoso:
– Proceso de recomendación, apoyo, capacitación y fomento –
Nivel 3

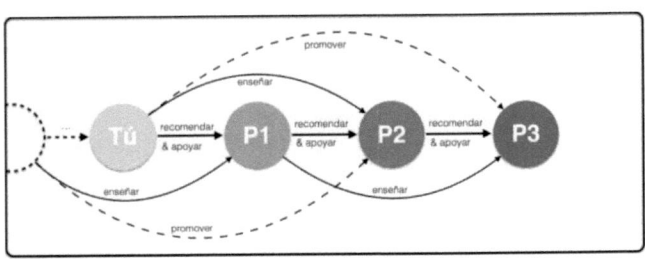

Notas

Duplicación mínima de tres niveles de profundidad
en un marketing de recomendación exitoso:
– Proceso de recomendación, apoyo, capacitación y fomento –
Niveles posteriores

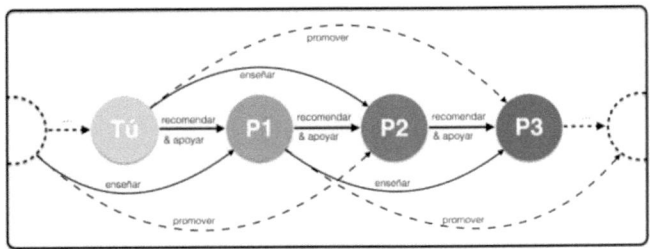

Reúnete con tu socio nuevo (Persona 1) e indícale que lleve consigo una persona nueva (Persona 2) a la cita. Cuando la persona 1 y la persona 2 se encuentran, asegúrate entonces de estar presente también. Dado que la persona 1 y la persona 2 se conocen y que tú y la persona 1 también, surgirá rápidamente una relación de confianza entre tú y la persona 2. Este es **"el poder de la tercera persona"** para la persona 1. Para la persona 2, tú eres "la tercera persona" que le guía en el sistema del marketing de recomendación. Es decir, tú eres el socio competente que ayuda y apoya a la persona 1 a establecer una red con la persona 2 y la persona 3.

En relación a la **metáfora del árbol**, tú serías por ejemplo una rama fuerte o un tronco, la persona 1 una rama y la persona 2 una ramita. La persona 1 también puede ser una ramita, esto depende únicamente de que seas por lo menos una rama fuerte. Si aún no lo eres, entonces invita a una rama fuerte a la reunión.

Ahora la pregunta es: ¿Cómo surge un entusiasmo candente que se transmita y "encienda" a otras personas? Pues solo si se reúnen muchas personas con motivaciones diferentes pero fijas: Con una ramita no se puede prender una fogata – con una ramita y una rama se puede encender una pequeña llama – con una ramita, una rama y una rama fuerte se puede encender una pequeña fogata, pero una verdadera fogata ardiente solo surgirá si se encienden más troncos, ramas y ramitas.

Un encuentro será realmente `candente´, si la persona 1 y tú se encuentran con la persona 2 y además invitan a la persona 3 y a otras personas. Así, tú como rama fuerte o tronco expones sobre el negocio del marketing de recomendación a todos los presentes.

A través del "poder de la tercera persona", la persona 1 puede relajarse y observar cómo instruyes a la persona 2 en el marketing de recomendación.

Sería ideal si, aparte de la persona 3, también estén presentes otras personas. Así impulsas a la persona 3 a ser testigo del proceso de capacitación de la persona 2. Además se notará cómo funciona el concepto del marketing de recomendación: A través de la creación de una red social de personas, que se ayudan, apoyan, capacitan y valoran entre sí. Se trata de un enlace personal, comercial y de cooperación mutua. En el marketing de recomendación la **actitud de competencia** personal o comercial es contraproducente.

En el marketing de recomendación solo serán exitosas aquellas personas que trabajan perseverantemente con un sistema en buen funcionamiento, con la meta de formar una red de por lo menos tres niveles de profundidad.

El **ejemplo de la gasolinera** muestra cómo puedes establecer una red (de relaciones) rentable con el marketing de recomendación:

Ejemplo de una *Gasolinera Muy Renombrada* (GMR)

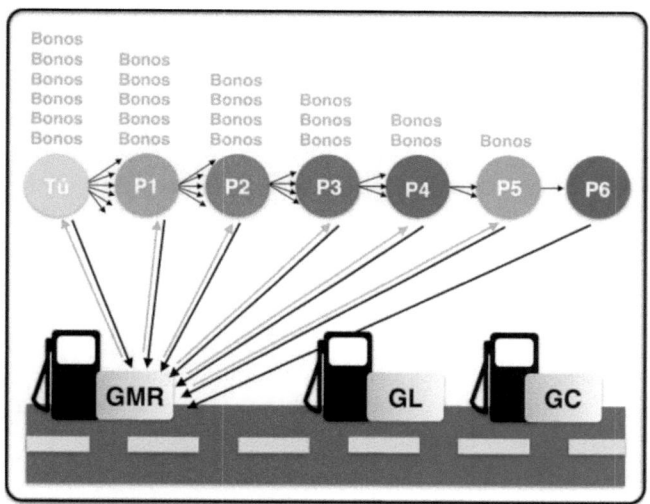

Supongamos que en tu ciudad existen tres gasolineras. La primera es una **G**asolinera **C**onocida (**GC**), la segunda es una **G**asolinera **L**ibre (**GL**) y la tercera es una **G**asolinera **M**uy **R**enombrada (**GMR**).

En la **G**asolinera **C**onocida (**GC**) y la **G**asolinera **L**ibre (**GL**) se recibe el servicio habitual, con una variedad de precios y con todo lo que normalmente se espera hoy en día de una gasolinera. En la **G**asolinera **M**uy **R**enombrada (**GMR**) solo se puede repostar. No hay ningún empleado de gasolinera, o algún otro servicio. Asimismo el cliente recibe una **tarjeta de fidelidad** que le permite tener algunos beneficios.

Esta gasolinera ofrece además **otra oportunidad** especial y única, gracias a la **tarjeta de fidelidad**: Debido a los costes que se ahorran en personal, alquiler o arrendamiento y al ofrecer el combustible al mismo precio que las otras gasolineras, la Gasolinera Muy Renombrada puede compensar/ recompensar a los clientes que la recomienden. Por lo tanto, los altos ahorros de inversión en personal, alquiler o arrendamiento serán reembolsados en **forma de bonos**, a los clientes que recomienden la gasolinera. Los bonos por recomendación que aparezcan en el ajuste de cuentas, variarán de acuerdo a lo que aporten las personas 1 a 6 (o más) en el combustible de la Gasolinera Muy Renombrada. De esta manera los costos calculados de precio de venta pueden ser rembolsados como bonus mensuales a los recomendados. (Véase: Composición del precio al consumidor – Comercio directo)

Pues bien, analicemos brevemente una pregunta: ¿Quién está vendiendo el combustible en este ejemplo? ¿La Gasolinera Muy Renombrada o tú? . . .

Correcto: ¡La **G**asolinera **M**uy **R**enombrada!

Esta **Gasolinera** ha decidido vender su producto mediante marketing de recomendación.

¡Lo único que tú haces es recomendar el producto, puesto que la **G**asolinera **M**uy **R**enombrada se encarga de la venta! **Tú no vendes nada, solo recomiendas** y contribuyes con tu entusiasmo y experiencia sobre el combustible de la **G**asolinera **M**uy **R**enombrada.

El siguiente ejemplo numérico demuestra que el efecto duplicativo y multiplicativo del marketing de recomendación es rentable ya que, posee financieramente grandes ventajas frente a otras formas de distribución.

El desarrollo de un sistema – Duplicación –

Ahora echemos un vistazo a cifras concretas. La siguiente tabla muestra, en su estructura básica, las posibilidades de multiplicación dentro de una red, que te puede conducir a una ‚**segunda fuente**'. El punto de partida para esta concepción, es enseñarle mensualmente a una persona (1ra-Duplicación), cómo funciona el concepto. Para el posible desarrollo de la red de recomendación se estima un lapso de tan solo medio año. Para lograr estos resultados, es importante tener en cuenta el funcionamiento básico del marketing de recomendación, el cual fue introducido en el capítulo „Los fundamentos - ¿Todo comienzo es difícil?"

Ejemplo numérico de la 1ra duplicación mensual

La tasa de duplicación	Tú recomiendas en el 1er mes 1 Persona(s)	Tú recomiendas en el 2do mes 1 Persona(s)	Tú recomiendas en el 3er mes 1 Persona(s)	Tú recomiendas en el 4to mes 1 Persona(s)	Tú recomiendas en el 5to mes 1 Persona(s)	Tú recomiendas en el 6to mes 1 Persona(s)
Nivel 1	1	2	3	4	5	6
Nivel 2		1	3	6	10	15
Nivel 3			1	4	10	20
Nivel 4				1	5	15
Nivel 5					1	6
Nivel 6						1
Total	1	3	7	15	31	63
Volumen promedio de puntos personales						
40	40	120	280	600	1.240	2.520
50	50	150	350	750	1.550	3.150
60	60	180	420	900	1.860	3.780
70	70	210	490	1.050	2.170	4.410
80	80	240	560	1.200	2.480	5.040
100	100	300	700	1.500	3.100	6.300

500 PV	tierra	(entre 100 - 250 €)	**6.000 PV**	árbol mediano	(entre 1.000 - 2.000 €)
1.500 PV	retoño	(entre 250 - 500 €)	**9.000 PV**	árbol grande	(entre 2.000 - 2.500 €)
3.000 PV	árbol pequeño	(entre 500 - 1.000 €)	**15.000 PV**	árbol espléndido	(más de 2.500 €)

La **tasa de duplicación** indica a cuantas personas respaldas en un periodo de tiempo. En este caso la tabla se refiere solo a una persona por mes. Es de ahí de donde proviene el nombre de la ilustración – la 1ra-Duplicación mensual. Paralelamente se acumulan los diferentes, así denominados, **volumen promedio de puntos personales**. Estos pueden ser considerados como puntos de fidelidad, que se acumulan al repostar usando tu **tarjeta de fidelidad** en la **G**asolinera **M**uy **R**enombrada. Por un lado estos puntos sirven para controlar el propio volumen de ventas que has generado y – en relación al marketing de recomendación – representan una medida para las provisiones que te corresponden. La suma de los puntos en tu red, es un indicador directo de tu remuneración mensual. Cuanto más mayor sea el volumen de puntos, más vigoroso será tu árbol y más altos tus bonos mensuales.

La relación entre el volumen de puntos y los posibles bonos, concernientes a la **metáfora del árbol**, está descrita en la parte inferior de la tabla:

Asumamos que tú `ganas´ mensualmente 100 puntos. Si das el ejemplo, recomendando la **G**asolinera **M**uy **R**enombrada, todos los participantes seguirán tu recomendación y también repostarán en ese lugar por la misma cantidad.

Durante el primer mes recomendarás a una persona hacer lo mismo que tú haces. Así mismo, instruirás a esa persona cómo recomendar la **G**asolinera **M**uy **R**enombrada a otra persona en el siguiente mes. Ten siempre en cuenta el principio básico. Puedes auxiliar a las personas en tu red de recomendación durante su camino. Prosigue con este principio en los meses posteriores, así las personas de tu red seguirán tu ejemplo y en no más de medio año obtendrás un volumen de 6.300 puntos personales.

Si ganas menos de 100 puntos y tu socio hace lo mismo, conseguirás mensualmente un volumen personal menor. Un promedio del volumen personal de 40 puntos de todos los participantes dan un volumen de 2.520 puntos como resultado total. Análogamente 80 puntos dan como resultado un total de 5.040 puntos.

Por lo tanto, un consumo bajo de combustible influye en el volumen total de puntos, así como en tus bonos.

De acuerdo al ejemplo numérico de la 1ra-Duplicación mensual, expuesta anteriormente, tu red de personas se duplicaría cada mes, alcanzando en medio año hasta 63 personas. De tal manera, puedes ganar un sueldo adicional de 1.000€ a 2.000€. Dependiendo del tipo de empresa con marketing de recomendación.

Si incrementas la tasa de duplicación y recomiendas mensualmente a más de una persona, es posible lograr un crecimiento aún más sorprendente. Pero solo bajo la condición de que las personas en tu red apliquen el mismo principio exitoso con sus miembros. ¡Recuerda que tus socios solo harán lo que tú hagas!

En la siguiente imagen se compara el crecimiento exponencial entre la **1ra-Duplicacion**, la **2da-Duplicación** y la **3ra-Duplicación**. La línea continua ilustra el crecimiento de su red con una **1ra-Duplicación**. La línea punteada muestra una **2da-Duplicación** y la línea discontinua expone que triplicando tu esfuerzo, lograrás también triplicar el tamaño de tu red así como tu volumen personal. Queda claro que tu desempeño en el marketing de recomendación será remunerado adecuadamente. Cuanto más recomiendes, mucho más será tu volumen de puntos y por tanto tu `**SEGUNDA FUENTE**' crecerá más.

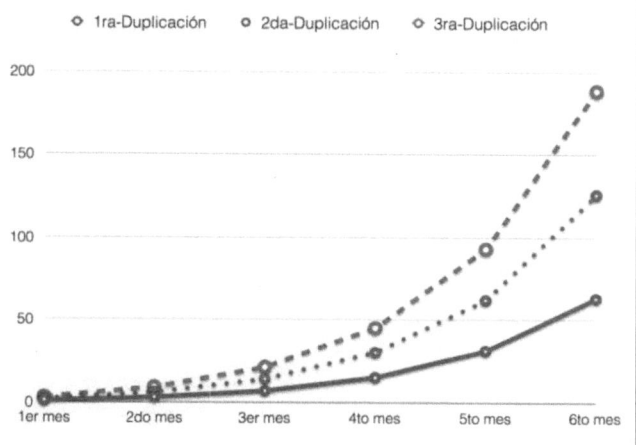

Comparación del crecimiento exponencial de una 1a-, 2a- y 3a-Duplicación

○ 1ra-Duplicación   ○ 2da-Duplicación   ○ 3ra-Duplicación

Notas

Marketing de recomendación en su aspecto cualitativo

La generación de ingresos en el marketing de recomendación – La metáfora del camión

Supongamos que has estado trabajando con el negocio de marketing de recomendación ya hace un tiempo y que has introducido a los primeros interesados a tu red. Es la hora de dedicarse a esas personas realmente interesadas, que desean progresar junto contigo mediante el marketing de recomendación.

Después de haber instruido a los interesados, cuan fácil y sistematizado funciona el negocio de marketing de recomendación, puedes escoger tu `camión´ y estar listo para recibir la carga en la rampa del `almacén´. Ni bien se acerque uno de tus camiones a la rampa para partir, ya podrás adquirir ganancias de la carga.

En la siguiente imagen se puede apreciar esta situación por medio de tres camiones.

Ejemplo de un `almacén´ con tres camiones

Queremos analizar un ‚**ejemplo de la gasolinera**', un ‚**Camión Vacío**', un ‚**Camión Oro**' y un ‚**Camión Plata**' con relación al **ejemplo de la gasolinera**. Estos distintos camiones representan a los diversos prototipos de interesados dentro de tu red. (Failla, 2002) (Failla, 2008)

Naturalmente tú tienes un propósito; lograr que el mayor número posible de camiones con carga de oro lleguen a la rampa de tu **metáfora del camión**. Pues bien, tratarás de dirigir cuantos ‚**Camiones Oro**' sean posibles hacia tu almacén.

Sin embargo, hay muchas personas que – ya sea por compromiso social o por ofrecer una nueva perspectiva laboral a otras personas – llegarán con camiones vacíos a tu almacén.

El **Camión Oro** representa a los asesores orientados a la venta, ósea **vendedores profesionales** que supuestamente no necesitan ayuda, porque saben "como funciona" el sistema. Si son abiertos a nuevas ideas y están dispuestos a aprender, se darán cuenta rápidamente que en el marketing de recomendación es importante invertir más en la profundidad y menos en la anchura de la estructura comercial.

En marketing de recomendación podemos decir:

La profundidad de la red vence
la anchura de la red
Eike Clausius

El **Camión Vacío** representa a las personas que se encuentran en tu red hace meses, pero que se les tiene que convencer constantemente que el marketing de recomendación sí funciona. Su actitud más que todo pesimista, – el vaso está medio vacío – y se dejan desalentar rápido por otras personas o por los medios.

El **Camión Plata** o los **Camiones Platas** son todos aquellos socios nuevos: El hecho que se conviertan en camiones oro o que lleguen a tu almacén con camiones vacíos, depende de la manera que trates a los camioneros y del apoyo que les brindes.

El ejemplo anterior sobre la **5ta-Duplicación** (Véase: **Comparación de comisiones de venta de diferentes canales de distribución**) se refiere más que todo al camión oro. Ósea, socios que buscan seriamente un cambio: Cuanto mayor sea el número de camiones plata en tu flota que quieran convertirse en camiones oro, menos serán las personas a las que tengas que instruir directamente, para conseguir a cinco **socios serios**.

A continuación déjanos mostrarte como reconocer a `**socios serios´** o **Camión Oro**:

1. *Curiosidad y deseo de aprender - los nuevos socios te llaman con frecuencia, ya que quieren respuestas para sus dudas.*
2. *Apoyo — los socios nuevos están ansiosos de presentarte a sus nuevos participantes y de informarles sobre las oportunidades del marketing de recomendación.*
3. *Entusiasmo — los nuevos están entusiasmados con el marketing de recomendación porque saben y comprenden cómo funciona.*
4. *Compromiso — los nuevos se comprometen a utilizar la mercancía de tu empresa y aprovechan cada minuto para aprender más sobre el producto y sobre el negocio.*
5. *Objetivo definido — los socios nuevos tienen metas ambiciosas y están dispuestos a cumplirlas. Ellos anotan sus metas para tenerlas siempre presentes en caso que las pierdan de vista.*

6. *Lista de nombres – los nuevos tienen una lista de nombres de las personas que conocen que pueden expandirla cuando sea posible.*

7. *Agrado de la comunidad – los nuevos socios se sienten satisfechos de compartir su negocio y su tiempo privado con toda la comunidad.*

8. *Positivismo – los nuevos dicen siempre un "sí" en vez de un `no´, a todo lo que sea novedad. Esta energía positiva les permite atraer a nuevas personas.*

La lista de los **criterios para reconocer camiones oro** puede continuar. La única diferencia entre un **Camión Plata** y un **Camión Oro** es su actual actitud y seriedad: **El camión oro maneja el negocio seriamente y con sabiduría**.

Ejemplos gráficos de duplicación – Enfoque cualitativo

Las siguientes imágenes sirven para entender mejor el proceso de duplicación o potenciación de los participantes. Estas hacen referencia a la **metáfora del árbol**: Los participantes conforman una red extensamente ramificada, que tiene potencial de continuar creciendo. Para ello, primero se tendrá en consideración el crecimiento mensual de participantes en el marketing de recomendación y luego el desarrollo por etapas.

Manual para el uso de las figuras posteriores

Edición impresa:

Posicionar el libro sobre la mesa con la página principal hacia atrás y hojear con el dedo pulgar derecho como un **filioscopio**[9]. Así podrás divisar el crecimiento exponencial de tu grupo con la 1ra-Duplicación.

Edición de eBook:

Para poder visualizar el crecimiento exponencial de tu red, con una 1ra-Duplicación, pulsar o deslizar el dedo dos veces, tan rápido como quieras pasar las páginas. De esta manera, podrás observar el posible crecimiento exponencial de tu red.

Consideración de la 1ra-Duplicación mensual

La siguiente figura se basa en la suposición de integrar **un solo interesado serio** a la recomendación, en el primer mes:

---

[9] En un **filioscopio** se contemplan una serie de ilustraciones estáticas como una secuencia de imágenes, este proceso es asimilado por la vista como una escena.

Estructura de la red de marketing de recomendación
en el 1er mes 1ra-Duplicación

Tú compartes tu negocio con tu primer **socio serio**, a quien le has explicado el concepto básico. Él se muestra interesado y ha entendido el **principio básico del exitoso marketing de recomendación**. Él se propone establecer su propio negocio de marketing de recomendación con tu apoyo y crecer. Es decir, tu socio va a seguir tu ejemplo en los siguientes meses. Al igual que tú, él va a dar la oportunidad a otras personas, de dirigir su propia vida emprendiendo el marketing de recomendación. Ustedes trabajarán juntos construyendo y expandiendo tu red. Esto conlleva a la siguiente estructura en el segundo mes:

Estructura de la red de marketing de recomendación
en el 2do mes 1ra-Duplicación

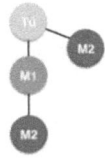

Tanto tú como tu primer socio serio le darán a otra persona la oportunidad de establecer un nuevo medio de subsistencia, que estará asesorado por tí y por tu nuevo socio serio. Tú trabajas con ellos en equipo. Todos ustedes siguen el concepto fundamental. Cada uno ha entendido este concepto y por consiguiente lo está aplicando.

Es decir, en el tercer mes se duplicaron los miembros nuevos que fueron integrados hasta ese entonces. Cada uno con un socio nuevo. Aquí también puedes notar la primera duplicación a lo largo de 3 niveles de profundidad. Esto fue detallado en el capítulo `**Funcionamiento del marketing de recomendación**´.

Ahora enseñas a tu primer socio serio, como ayudar a su nuevo socio y éste, recomendar a nuevos socios. (Véase también: **Duplicación mínima de tres niveles de profundidad**)

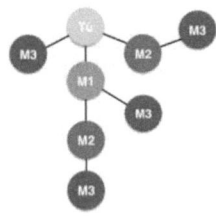

Así tienes en el caso ideal, tres seriamente interesados participantes, con los cuales, has construido una línea fuerte y se pueden concentrar juntos en la próxima estabilización.

Por lo tanto, el próximo mes, bajo la condición de que el concepto fue comunicado y entendido correctamente, se sigue con que cada uno de los participantes busca un nuevo socio al cual se le abre la posibilidad de la propia existencia.

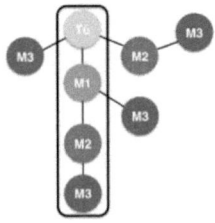

En el cuarto mes, se notará por primera vez, que tu sistema es potente y que con el tiempo seguirá creciendo rápidamente y de manera elevada. De este modo, surgirán tres nuevas 1ras-Duplicaciones a lo largo de tres niveles: Dos provenientes de los primeros socios y uno proveniente del segundo socio serio del primer nivel.

Al mismo tiempo se manifiesta la **1ra-Duplicación** sobre tres niveles de profundidad. Aquí ya no participas directamente (M1 hasta M4), puesto que es proyectada por tu primer socio. Él asume ahora tu rol. Pero tú puedes continuar apoyándolo.

**Estructura de la red de marketing de recomendación
en el 4to mes 1ra-Duplicación**

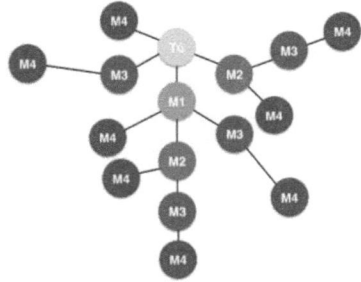

Posteriormente en el quinto mes, el efecto multiplicativo aparece con más evidencia. En tu red de recomendación se integran 16 nuevos socios. Así, nacen esta vez seis (6) 1ras-Duplicaciones nuevas, con lo que tu sistema se estabiliza e independiza más y más. En total y hasta entonces, tu red está conformada por 32 personas y diez (10) 1ras-Duplicaciones directas sobre tres niveles de profundidad.

Estructura de la red de marketing de recomendación
en el 5to mes 1ra-Duplicación

En el sexto mes – y último a ser tratado – tu red de recomendación habrá crecido a un total de 64 personas. Desde luego, bajo la condición de que el funcionamiento del marketing de recomendación sea siempre comunicado correctamente y aplicado consecuentemente.

A partir de ahora, también se puede ver porque fue tan importante sistematizar el procedimiento y hacerlo comprensible para todos los participantes. Solo por esa **simplicidad, sistematización** y **comprensibilidad,** el marketing de recomendación es exitoso. Todos los cambios extraordinarios y desviaciones, te llevan a la creación de una red, la cual no es posible de duplicarse y la cual rápidamente, encuentra su fin en la detención. El cambio constante no permite crear una red estable.

El **concepto de marketing de recomendación**, debe ser claro, sencillo, sistemático y duplicable. De igual forma, se debe respetar y aceptar las especificaciones personales e individuales sin modificar el concepto.

Estructura de la red de marketing de recomendación en el 6to mes 1ra-Duplicación

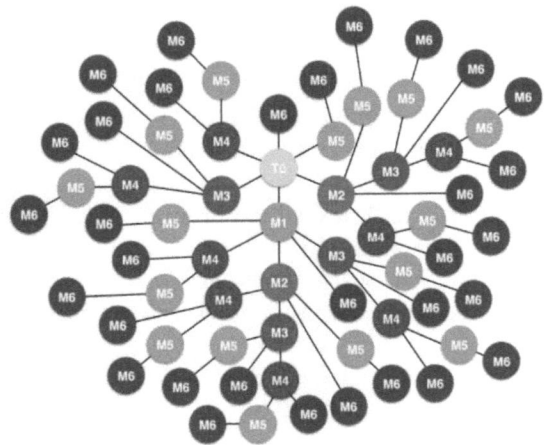

Mediante las imágenes se ve claramente, cuál es el potencial que va de la mano con la duplicación de un concepto fundamental simple. La fuerza explosiva aquí, está en poder aplicar este concepto básico sobre todo en la profundidad - el sistema se extiende en su anchura casi por sí solo. Con referencia a **la metáfora del árbol** se puede decir, que la copa del árbol será siempre más frondosa, grande y compleja. Un arbusto ancho (con muchas ramificaciones en el primer nivel) requiere más dedicación personal que un árbol alto con diversas copas ramificadas.

También es importante entender, que una estructura compleja puede nacer de u n concepto simple. Solamente este tipo de redes de marketing de recomendación son comprensibles y duplicables.

Cuan más simple sea el concepto básico,
más fuerte será la estructura (del árbol).
Cuan más complejo sea el concepto básico,
más endeble será la estructura (del árbol).
Eike Clausius

Edición impresa:

Posicionar el libro sobre la mesa con la página principal hacia atrás y hojear con el dedo pulgar derecho como un **filioscopio**[10]. De este modo, podrás observar el crecimiento de tu red con una 1ra-Duplicación sobre un nivel de profundidad.

Edición de eBook:

Para poder visualizar el crecimiento exponencial de tu red, con una 1ra-Duplicación, pulsar o deslizar el dedo dos veces, tan rápido como quieras pasar las páginas. De esta manera, podrás observar el posible crecimiento exponencial de tu red.

---

[10] En un **filioscopio** se contemplan una serie de ilustraciones estáticas como una secuencia de imágenes, este proceso es asimilado por la vista como una escena.

Contemplemos ahora la situación relatada respeto a la formación de niveles o formación de la profundidad del sistema. El gráfico resultante muestra el desarrollo de tu red de recomendación después de tan solo 6 meses, aplicando la 1ra-Duplicación (una recomendación por mes).

La figura de abajo introduce el primer nivel después de 6 meses y por consiguiente incluye a 6 personas.

Construcción de la red de marketing de recomendación
sobre un nivel con una 1ra-Duplicación

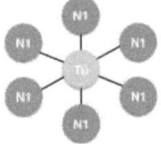

Durante los primeros 6 meses has establecido junto a tu socio un sólido **segundo nivel** con 15 personas. Tus socios de negocio del primer nivel han sido instruidos para proseguir con la recomendación y transmisión de este concepto que fue empleado consecuentemente.

Construcción de la red de marketing de recomendación
sobre dos niveles con una 1ra-Duplicación

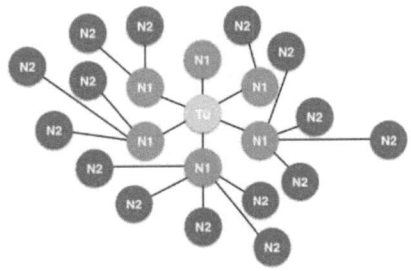

La siguiente ilustración muestra adicionalmente el tercer nivel de profundidad, asimismo contiene una 1ra-Duplicación exitosa con una profundidad de los 3 niveles mencionados, los cuales fueron logrados en el tercer mes.

Construcción de la red de marketing de recomendación sobre tres niveles con una 1ra-Duplicación

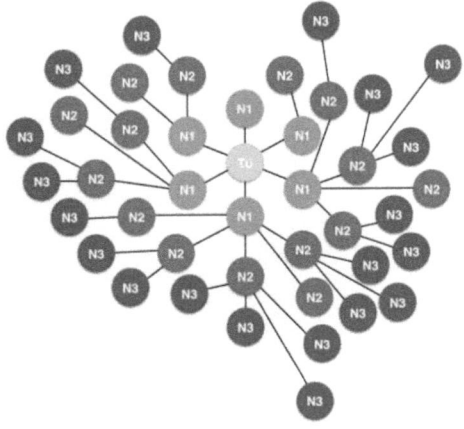

Dentro de los 6 meses que hemos contemplado, muchos de los socios del tercer nivel han expandido sus redes. Esto se puede observar en la siguiente figura.

Construcción de la red de marketing de recomendación sobre cuatro niveles con una 1ra-Duplicación

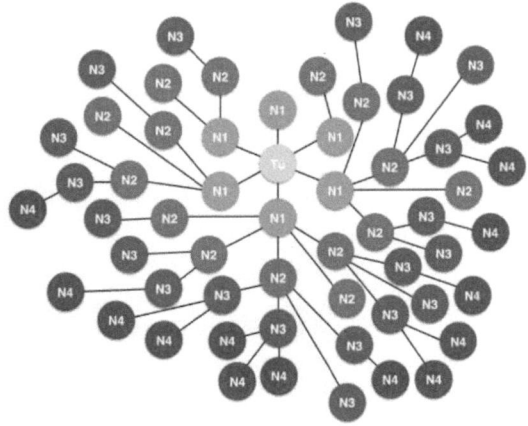

Igualmente en el sexto mes, algunos socios de negocio han esparcido sus redes. La siguiente figura muestra este hecho.

Construcción de la red de marketing de recomendación
sobre cinco niveles con una 1ra-Duplicación

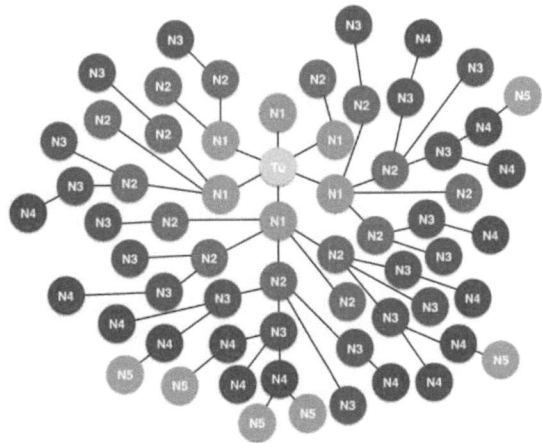

La última figura muestra la estructura completa de tu red de recomendación con todos los socios de negocio a una profundidad de hasta 6 niveles en el 6to mes. Recuerda que al proseguir con este crecimiento en el séptimo mes, los resultados serán aún más impresionantes. Después de tan solo un año de crecimiento conceptual básico, podrías tener a 4.095 personas en tu red.

Construcción de la red de marketing de recomendación
sobre seis niveles con una 1ra-Duplicación

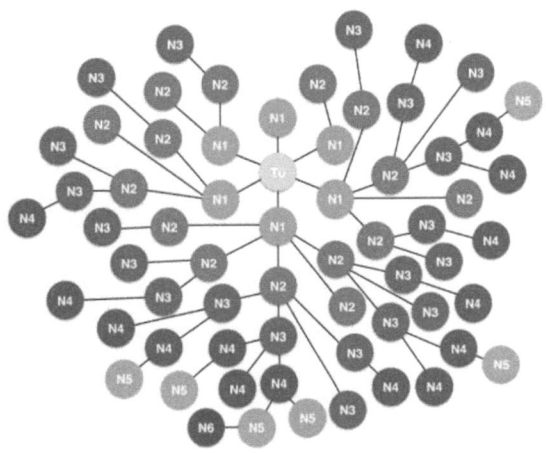

Tú y 63 socios:

1. era. Nivel — 6 Personas,

2. do. Nivel — 15 Personas,

3. era. Nivel — 20 Personas,

4. to. Nivel — 15 Personas,

5. to. Nivel — 6 Personas,

6. to. Nivel — 1 Persona.

En el siguiente capítulo se explicará esta red de manera numérica, concretizando así la posibilidad de tu `segunda
fuente´.

Perspectiva cuantitativa del marketing de recomendación

Posibilidad de ingresos después de 6 meses con una 1ra-Duplicación

La siguiente ilustración muestra a todas las personas en sus respectivos niveles después de una **1ra-Duplicación** a lo largo de medio año. Se trata de una reestructuración de la red presentada en el capítulo anterior, combinada con algunos ejemplos numéricos. Para esto se visualizarán posibles comisiones para distintos volúmenes de ventas.

Posibilidades de ingresos en el marketing de recomendación en caso de una 1ra-Duplicación de 6 meses

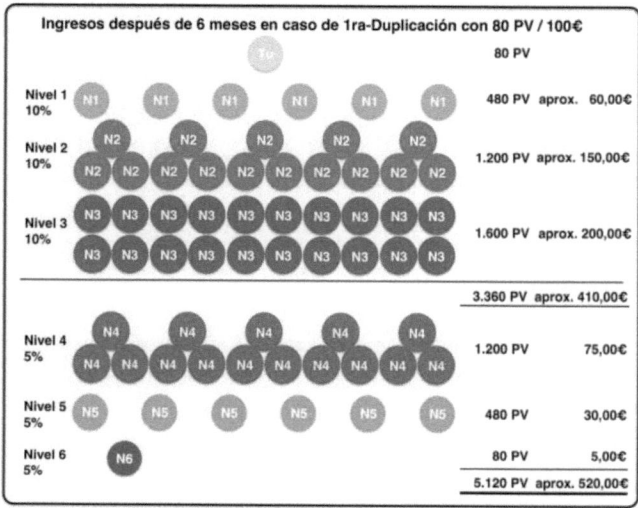

103

Partiendo del ejemplo de un volumen de puntos (PV) de 80PV por persona y mes, esto podría ser equivalente a un volumen de ventas respectivo de 100€.

Dentro de seis meses, has ganado seis socios en el primer nivel. Asumiendo que cada socio - al igual que tú - compra bienes por 80PV, tu volumen de ventas sería equivalente a 600€ en el primer nivel. En caso que recibas una comisión del 10%, esto correspondería a 60€. En este ejemplo, el volumen de ventas del segundo y tercer nivel también será remunerado con un 10%.[11] Así, se obtiene en suma la cantidad de aproximadamente 410€, que provienen de comisiones en las primeras tres etapas.

Como se ha señalado anteriormente, los sistemas sin limitación en la profundidad de sus niveles, conducen a un ingreso adicional aún más impresionante.

Es comprensible que para ninguna empresa es posible pagar comisiones tan altas a tan altos niveles de profundidad. Debido a que cada persona en tu red de recomendación compra el producto directamente de la empresa, los costos de comisiones ya están incluidos en el precio del producto. Esta correlación ha sido mostrada en la figura **"Composición del precio al consumidor – Comercio directo"**. En caso de que el producto tenga un precio de 100€, a comparación de otras formas tradicionales de distribución, el 70% de costos de distribución será retribuido como comisión. Esto corresponde a 70€. Por esa razón, en el ejemplo presentado anteriormente se asume comisiones de solo un 5% desde el tercer hasta el sexto nivel. De esta manera, se generará un ingreso adicional de 110€.

---

[11] En este caso los porcentajes fueron escogidos de manera hipotética para el ejemplo y pueden variar individualmente de acuerdo a la empresa de marketing de recomendación.

Tu `SEGUNDA FUENTE´ podría entonces ascender aproximadamente a 520€ después de tan solo medio año en el marketing de recomendación, únicamente con una exitosa 1ra-Duplicación mensual.

¿Qué significado tendría para ti una `SEGUNDA FUENTE´ como ingreso adicional, desde un punto de vista económico?

Asumamos que estás interesado en una `segunda fuente´ de ingresos de 500€. ¿Qué posibilidades de obtenerla habrían?

Una **primera posibilidad** sería por ejemplo, trabajar cuarenta horas adicionales al mes con un salario por hora de 12,50€ - diez horas por semana.

Una **segunda posibilidad** podría consistir en invertir dinero en un banco – siempre y cuando tengas dinero – recibir los intereses. Por ejemplo por una cantidad de 100.000€, tendrías que encontrar una institución bancaria, que te ofrezca una tasa de interés anual de 6% para tener a tu disposición 500€ adicionales al mes. ¡Sin embargo, considerando una tasa más realista de interés anual actual (en el año 2017) de aproximadamente 0,5%, tendrías que contar con la suma exorbitante de 1.200.000€!

La siguiente tabla muestra una ampliación de las posibilidades de formación de capital con diferentes importes de inversión (desde 100.000€ hasta 1.200.000€). Estos servirán de guía para calcular la rentabilidad mensual de otras cantidades de inversión.

Formación de capital según diferentes aportes de inversión y diferentes tasas de interés

Consideración mensual						
Tasa de interés	Aporte de inversión 100.000 €	200.000 €	300.000 €	400.000 €	600.000 €	1.200.000 €
0,50 %	42 €	83 €	125 €	167 €	250 €	500 €
1,00 %	83 €	167 €	250 €	333 €	500 €	1.000 €
1,50 %	125 €	250 €	375 €	500 €	750 €	1.500 €
2,00 %	167 €	333 €	500 €	667 €	1.000 €	2.000 €
3,00 %	250 €	500 €	750 €	1.000 €	1.500 €	3.000 €
6,00 %	500 €	1.000 €	1.500 €	2.000 €	3.000 €	6.000 €

En caso que no cuentes con tal cantidad de dinero, tendrías que trabajar durante los siguientes años para conseguirlo. En el supuesto de que puedas apartar solamente 1.000€ al mes, necesitarías 100 meses para ahorrar 100.000€ - lo cual corresponde aproximadamente a ocho años. Pero entonces, aún sería necesario encontrar un banco que te brinde una tasa de interés anual de 6%. Para alcanzar la cantidad de 1.200.000€, necesitarías 100 años. (¡El hecho de que puedas estar aún presente para percibir las ganancias, es cuestionable!)

Formación de capital según diferentes aportes de inversión

suma de ahorros	100.000 €	suma de ahorros	1.200.000 €
reservas de ahorro hace	1.000 €	reservas de ahorro hace	1.000 €
meses y por lo tanto	100	meses y por lo tanto	1.200
años	8,33	años	100

Una **tercera posibilidad** consiste en la creación de un ingreso adicional a través del marketing de recomendación. Como ya se ha resaltado en el ejemplo, solo necesitas seis personas (Véase: **Ejemplo numérico de la 1ra duplicación mensual**). Los `socios serios´ de tu red de marketing de recomendación pueden hacer posible este flujo mensual de dinero en efectivo. Este flujo de efectivo podría ser como una ‚pensión', para la que no has tenido que pagar ningún importe por décadas. Un **concepto de marketing de recomendación** te brinda posibilidad de trabajar intensivamente en tu negocio por cuatro años, en vez de tener que pagar mensualmente durante 40 años una **renta**, sin la seguridad de la realización posterior del pago por parte del estado. (dab/dpa, 2014)

¿4 años de marketing de recomendación o
40 años pagando importes al fondo de pensiones?
Eike Clausius

Notas

Paso a paso a la segunda fuente

Cheque real

A estas alturas talvez te preguntaras si estos números se pueden hacer realidad. Solo para ti.

Una cosa es segura: Si recibes salario o sueldo en la actualidad y vas a jubilarte algún día, la siguiente imagen muestra el desarrollo de tus ingresos financieros.

Debido a ajustes porcentuales por parte del estado tu salario o sueldo será disminuido hasta por debajo del 50%.

Así pues, en este capítulo se describirá y explicará de manera general la integración paso a paso en el trabajo con el marketing de recomendación. Este principio funciona por lo general siempre del mismo modo, independiente de empresas específicas.

Desarrollo de ingresos s i n una
generación adicional de ingresos

Ya se ha expuesto anteriormente, que el acceso en el marketing de recomendación puede realizarse sin riesgo personal ni financiero. Sigamos con nuestro ejemplo de la gasolinera de uno de los capítulos anteriores: Al principio usas solamente su oferta y el `combustible´. Eventualmente ese `combustible´ fue recomendado por un amigo. Quizás alguien te presentó el **concepto de marketing de recomendación** directamente. Eres un consumidor de productos del marketing de recomendación. Cual sea la manera como hayas conocido el marketing de recomendación, con el tiempo te darás cuenta cómo funciona el modelo de negocio y tu interés irá creciendo.

Desarrollo de ingresos c o n una generación
adicional de ingresos durante la actividad laboral

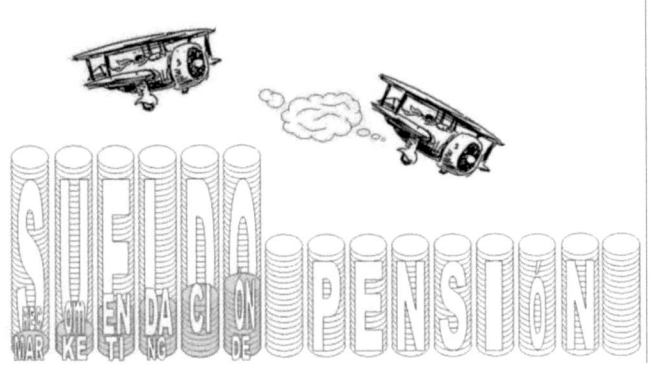

Empiezas a dedicarte al concepto más intensamente y recomiendas la mercancía a tus amigos y a tus conocidos. De esta manera podrás notar poco a poco que te encuentras en la capacidad de refinanciar tu `depósito de combustible´ mensual. De haber sido un simple consumidor de productos de marketing de recomendación, te has convertido en un socio del marketing de recomendación. Tus ingresos actuales serán añadidos por el pago de provisión de tu empresa de marketing de recomendación.

A este punto, tendrás que tomar una decisión: ¿Quieres continuar ganando con el marketing de recomendación? Si decides emprender este camino conscientemente, debes de sistematizar tu procedimiento progresivamente. En este caso la **tasa de duplicación mínima** desempeña nuevamente un papel esencial como idea fundamental de la duplicación exitosa: **Tú** explicas a una **persona 1**, como debe ayudar a la **persona 2**, a apoyar a la **persona 3**, a seguir recomendando. Construye una red y trabaja con las personas a quienes quieres apoyar y quienes participan entusiasmadamente.

Tus ingresos actuales continuaran siendo añadidos por el pago de provisión. En caso que te jubiles ahora, tu pensión será añadida por los pagos de provisión y generarás un propio aumento de renta con el marketing de recomendación.

Decurso de ingresos c o n una generación adicional de ingresos
después la actividad laboral

En caso de que tus ingresos actuales cesen, tienes ahora una base financiera sólida, la cual puedes ampliar.

Trayectoria de un trabajador exitoso en el marketing de recomendación

Si llegas a ser aún más exitoso con este procedimiento sistemático, talvez llegues al punto, donde tus ingresos por el marketing de recomendación – tu `SEGUNDA FUENTE' – podrían sobrepasar tus **ingresos actuales**. A más tardar a este punto meditarás, si este trabajo adicional se podría convertir en la participación en el marketing de recomendación como socio a tiempo completo. Así establecerás continuamente una `SEGUNDA FUENTE' y al mismo tiempo una pensión permanente, de la cual te beneficiarás después de tu carrera profesional.

Ten en cuenta lo que fue indicado en el párrafo anterior: Por lo general, tus compañeros actuarán como tú. Según el tiempo y la energía que inviertas en esta profesión, te aproximarás más rápido o más lento a tu meta. El camino que quieras emprender en el marketing de recomendación, es tu decisión.

La figura de arriba sobre la trayectoria posible de un trabajador exitoso en el marketing de recomendación, muestra el camino detalladamente explicado con sus respectivas estaciones.

La regla 1-3-5-7

Por experiencia personal parece haber una `regla básica´ con relación a pasos de desarrollo en el marketing de recomendación. Esa regla hace posible estimar cuánto tiempo necesitas para convertirte de un consumidor de productos del marketing de recomendación, a un socio del marketing de recomendación a tiempo completo:

1º año: Dentro de un año tienes que ser tan competente que puedas construir tu propio comercio lucrativo con el marketing de recomendación. Esto significa que podrías empezar a tomarlo como empleo adicional.

3º año: Si trabajas en el marketing de recomendación como empleo adicional y recomiendas continuamente y sistemáticamente, en tres años podrías decidir si quieres trabajar como socio a tiempo completo.

5º año: Si regentas tu negocio del marketing de recomendación de manera continua y sistemática, entonces podrías contar con ingresos de seis dígitos y convertirte en un experto.

7º año: Después de siete años de marketing de recomendación constante eres experto y dominas las herramientas del marketing de recomendación.

Con esto se explica claramente, que tienes la posibilidad de crear y asegurar un ingreso adicional o una `SEGUNDA FUENTE´ duradera. Cuando te hayas convertido en un experto en el marketing de recomendación, es posible que te dediques a esto como profesión principal.

El marketing de recomendación como proceso de aprendizaje

Verás que el marketing de recomendación es un proceso de aprendizaje – aprender haciendo.

En el proceso de aprendizaje recorrerás las siguientes etapas:

1. *Incompetencia inconsciente*: *No sabes lo que no sabes. – Si nunca has oído algo del marketing de recomendación, entonces esto es incompetencia inconsciente.*

2. *Incompetencia consciente*: *Eres consciente que no sabes y que puedes aprender. – Cuando eres consciente de que no tienes ni idea sobre el marketing de recomendación y de que tendrías que aprender algo al respecto, entonces esto es incompetencia consciente.*
   Conocerás muchas personas que simplemente no están dispuestas, a aprender cosas nuevas y que creen que ya lo saben todo. Hasta ahora yo solamente he conocido a peluqueros que necesitaron de cinco a siete años para convertirse en maestros de su oficio. Pero aún más impresionante es que unas personas dicen que 'no tienen nada que aprender del marketing de recomendación, porque ya lo saben.' – Este es raramente el caso. Tienes que ayudar a esas personas a salir de esa fase, pues de lo contrario no podrían ser exitosas en el marketing de recomendación. No puedes ayudar a ninguna persona, que no se quiera dejar ayudar. Cuando esas personas no quieran aprender más, entonces dedícate al siguiente.

3. *Competencia consciente*: *Aprendes y estás dispuesto a aprender. – Cometes errores y aprendes de esos errores, al fin y al cabo solo practicando continuamente mejoraremos cada vez más.*

4. *Competencia inconsciente*: *Ahora en esta fase has automatizado tus habilidades y desarrollado tu com-*

portamiento profesional. En esta fase eres un profesio-
nal en el marketing de recomendación. Haces y dices co-
sas sin haber interiorizado las cosas – las vives.

Ten presente que cada persona podría descubrir el marketing de recomendación como su profesión nueva, si quiere. Podrías aprender esos conocimientos con el apoyo de **mentores** adecuados. Si no crees en ti, puedes confiar en mí, pues yo sé lo que he escrito. Además en el mundo hay muchas personas exitosas que trabajan en el marketing de recomendación, así que puedes confiar en nosotros.

Tú también puedes aprender del marketing de recomendación, así como aprendiste otras cosas en tu vida, desde anudarse los cordones del zapato, ir en bicicleta, hasta conducir un coche o un avión. Todo es posible de aprender.

Disfrute de la libertad y el estilo de vivir de una persona que trabaja en el marketing de recomendación. Empieza y busca a **mentores** exitosos. ¡Esperamos conocerte pronto!

Literatura directorio

Andes, W. (2. Aufl., 2005). Die Kraft von Network Marketing. Eine seriöse Vertriebsform für unternehmerisch denkende Menschen. *Schnellbach.*

Bundesverband, N. M. (Version 2.01 de 2005). Network Marketing - eine neue Selbstständigkeit. *Recuperado el 10 de 5 de 2015, de http://mlm18.de/wp-content/uploads/2012/10/Bundesverband-Network-Marketing-und-Prof.-Dr.-Michael-M.-Zacharias-Was-ist-Network-Marketing.pdf*

Clausius, E. (1998). Betriebswirtschaftslehre I - Einführung in hierarchischen Modulen *(Vol. 1). München: Oldenbourg.*

Clausius, E. (1999). Betriebswirtschaftslehre II - Finanzierung und Investition in hierarchischen Modulen *(Vol. 2). München: Oldenbourg.*

Clausius, E. (2012). Vom Wutbürger zum Mutbürger – Wie Gedankenenergien die Gesellschaft verändern können. En T. V. Masárová, Personalmanagement in bewegten Zeiten *(págs. 323-328). Plauen: M&S Verlag.*

Clausius, E. (2014). BetriebsWirtschaftsLehre - Band 1 - Einführung. *Norderstedt: BoD-Books on Demand.*

Clausius, E. (2015). Paradigmenwechsel in der Wirtschaft - von der rationalen zur emotionalen Intelligenz. *Norderstedt: BoD-Books on Demand.*

Clausius, E., & Schütz, M. (2014). Die Schattenseite des Erfolgs – Produktpiraterie im Maschinen- und Anlagenbau. *Norderstedt: BoD-Books on Demand.*

dab/dpa. *(02 de 12 de 2014)*. Abrechnung des Ex-Arbeitsministers: Blüm hält die Rente nicht mehr für sicher. *Recuperado el 08 de 08 de 2015, de http://www.spiegel.de/wirtschaft/soziales/norber t-bluem-haelt-rente-nicht-mehr-fuer-sicher-a-1006121.html*

Failla, D. *(2002)*. Ihre Zukunft - Das Erfolgskonzept - Wie Sie jetzt ein zusätzliches Einkommen von 2.000,-€ und mehr von Ihrem Wohnzimmer aus aufbauen! *Fellbach: MOM Media Medien-& Verlagsges. mbH.*

Failla, D. *(2008)*. Die 45-Sekunden Präsentation, die ihr Leben verändern wird *(2. Aufl. ed.). Innsbruck.*

Gallup GmbH & Financial Times Deutschland. (2014). Gallup-Studie 2014: Nur jeder siebte Arbeitnehmer ist von seinem eigenen Job wirklich begeistert.

Ihringer, U. W. (März de 2014). Die neue Selbständigkeit - Warum Network Marketing boomt -. Network Press, 7*(41), 48-56.*

Kiyosaki, R. (2012). Das Geschäft des 21. Jahrhunderts. *Innsbruck.*

Kremer, A. J. (2000). Reich durch Beziehungen. Durch die richtigen Kontakte zum Erfolg. *Landsberg am Lech: verlag moderne industrie.*

Rohr, H. C. (2015). Unsere Arbeit - Fachkräfte und MINT. *Recuperado el 20 de 02 de 2015, de https://www.deutscherarbeitgeberverband.de/da v_fachkraefte_und_mint.html*

Saint-Exupéry, A. d. (1998). Der kleine Prinz *(52. ed.). Karl Rauch.*

Sales, T. (2016). Ist MLM ethisch und legal? Oder ist MLM einfach nur Betrug? *Recuperado el 16 de 11 de*

2016,   de   http://www.network-karriere.de/index.php?module=News&func=displa y&sid=22578

Steiner, G. (2014). Von Mensch zu Mensch - Einkommen und Perspektiven durch Empfehlungsmarketing *(3. ed.). Weinstadt: Andreas Steiner e.K.*

Steiner, G. (2015). Von Mensch zu Mensch 2 - Erkenntnisse und Geschichten. *Weinstadt: Andreas Steiner e.K.*

Tepperwein, K. (2005). Lebenskünstler leben leichter. *Güllesheim.*

Worre, E. (2013). GoPRo - 7 Schritte zum Network Marketing Profi. *Innsbruck: Life Success Media GmbH.*

Glosario de abreviaturas

c/u	cada uno
IVA	impuesto al valor agregado
PV	volumen de puntos

Asunto registro de palabra

El uso del registro para las palabras en el eBook:
contenido de términos por palabra se puede encontrar haciendo clic en la flecha azul.

Uso del registro para las palabras en el libro:
contenido de conceptos en las cuales las palabras redundan, se encuentran abajo en el link dado.

Sobre el autor

Prof. Dr. Eike Clausius

El Dr. Eike Clausius estudió economía y química en Berlín, en los Países Bajos, en Checoslovaquia y en los EEUU. En 1983 se graduó como Ingeniero Industrial con Diploma en la Universidad Técnica de Berlín.

Después de haber trabajado en la industria durante varios años, obtuvo el grado de Dr. rer. oec. en la Universidad Técnica de Berlín, en el año 1992. Desde entonces se dedica y apoya a personas en su camino al comercio directo, venta directa, marketing de redes clásico y al marketing de recomendación. Como socio franquiciario (socio Comercial), se ha incorporado a diferentes empresas para analizar a serosidad y el éxito de sus modelos económicos en Asia y en América.

En 1994 recibió el puesto de catedrático de ciencias empresariales en la Universidad de Ciencias Aplicadas Zwickau en Sajonia. Amplió sus conocimientos en el tema de investigación especial: Gestión de empresas con competencia emocional, particularmente el Método

Emotional-**I**ntelligence-as-**K**ey-**E**lement (**Método EIKE**) (inglés).

Emocional-**I**nteligencia-de-**C**lave-**E**lemento (**Método EICE**).

Es un autor de superventas económicas, Healthy-Living- y Mental-Coach e instructor de personalidad. En diversas empresas trabaja como coach e instructor universal.

Vive en Berlín con su familia.

Contacto del autor para seminarios y para interesados en el marketing de recomendación:

Email: ecl@eikeclausius.de;

Página de web: www.eikeclausius.de; www.EIKE-Methode.de;

www.das-zweite-Gehalt.de; www.the-second-income.org

www.la-segunda-fuente.de; www.the-second-source.com

Notas

Notas

Notas

Notas

Notas

Notas

Notas

Notas

Notas

Notas

Notas

Notas

Notas

Notas

cortesía de ...